Peter Jüde

85
nützliche & dekorative
Knoten

Peter Jüde

85 NÜTZLICHE & DEKORATIVE KNOTEN

mit Illustrationen von
Roland Kohlhaas

Weltbild

INHALTSVERZEICHNIS

Zier- und Schmuckknoten

Knotentricks und Knotenrätsel

Einführung

Knoten sind faszinierende Gebilde

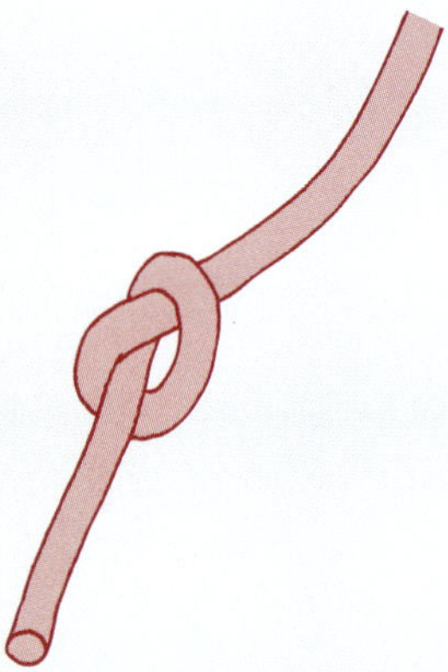

Sie können ganz einfach oder sehr schwierig zu binden sein. Sie werden in Taue, Seile, Fäden, Zwirn, Bänder, Krawatten oder Tücher geknüpft. Knoten sichern das Leben von Bergsteigern oder sie schmücken Geschenke. Sie sind nützlich und schön.

Dieses Buch zeigt, wie man Angler-, Segler- und Bergsteigerknoten knüpft, Sie lernen die Knoten der Handwerker kennen und Sie binden Knoten in Krawatten, Tücher und Geschenkbänder. Dabei ist die Grenze zwischen nützlichen Knoten und Zier- und Schmuckknoten oft fließend, denn bei Knoten kommt es immer darauf an, zu welchem Zweck und in welcher Situation sie gebunden werden. Ein Knoten, der in einem Fall eine Geschenkverpackung ziert, dient ein andermal in leicht veränderter Form dem Seemann dazu, zwei Taue zu verbinden.

Allen hier vorgestellten Knoten ist aber eines gemeinsam: Jeder – in der Regel auch Kinder – kann sie knüpfen. Dafür sorgen Anleitungen in kleinen Schritten, die auf »Fachchinesisch« verzichten, und plastische Zeichnungen, die jede Windung eines Knotens noch einmal vor Augen führen.

Wie Sie das Buch nutzen

Damit Sie die einzelnen Knoten nicht nur sofort knüpfen können, sondern sie auch schnell finden, haben Sie die

Möglichkeit, neben dem Inhaltsverzeichnis zwei verschiedene Register zu nutzen: ein alphabetisches und eines, das nach Ihren Interessen und Hobbys sortiert ist (Sachregister).

Wenn Sie den Namen eines Knotens bereits wissen, können Sie also im alphabetischen Register nachschlagen. Haben Sie dagegen lediglich eine Vorstellung davon, welche Funktion der Knoten erfüllen soll, so können Sie das Sachregister benutzen.

Sicher werden Sie die meisten Knoten, deren Namen Sie vielleicht schon einmal gehört haben, in diesem Buch finden. Wenn Sie einmal einen Knoten nicht auf Anhieb finden, geben Sie nicht sofort auf. Vielleicht verbirgt er sich hinter einem anderen, Ihnen unbekannten Namen: Denn die Welt der Knoten ist weit, vielfältig und manchmal sogar unüberschaubar. Seit Jahrtausenden haben die Menschen Knoten erfunden und ihnen Namen gegeben. Bei so vielen Knoten und so vielen Menschen bleibt es nicht aus, dass der eine den Knoten unter diesem, der andere ihn unter jenem Namen kennt. In diesem Buch verwenden wir immer den Namen, der am weitesten verbreitet ist.

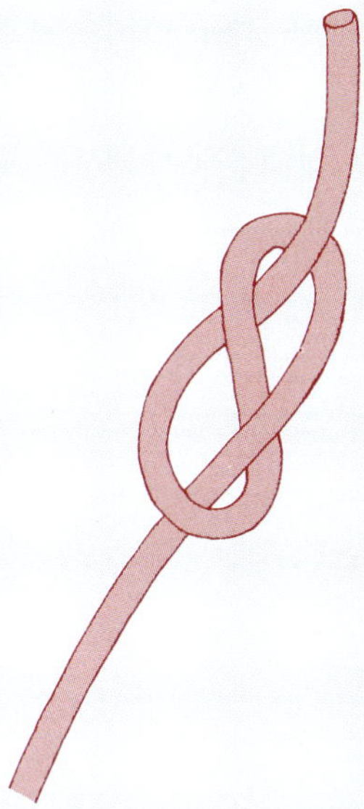

Die Vielfalt der Knoten zeugt davon, was bei der Beschäftigung mit ihnen am allerwichtigsten ist: Fantasie und Erfindergeist. Wenn Ihnen ein Knoten so, wie er hier beschrieben ist, für Ihre Zwecke nicht optimal erscheint, versuchen Sie ruhig, ihn zu verändern. Die Qualität eines Knotens misst sich nur daran, ob er seine Funktion gut erfüllt, ob er das leistet, was Sie wollen. Seine Qualität zeigt sich keinesfalls darin, dass er genau nach Anleitung geknüpft ist. Dieses Buch will Anregungen geben, welche Knoten man wann am besten bindet, und es will zeigen, dass Knoten sehr nützlich und auch dekorativ sind.

Grundsätzliches über Knoten

Was ist ein Knoten?

Auf die Frage, was ein Knoten eigentlich leisten muss und welche Eigenschaften er haben sollte, hört man oft die Antwort: Ein Knoten muss möglichst gut halten – das ist alles. Wer sich aber ein bisschen mit Knoten beschäftigt, weiß, dass die Festigkeit von Knoten nur ein, wenn auch ein wichtiger Aspekt ist. Darüber hinaus müssen sich Knoten leicht und schnell wieder lösen lassen. Denn der festeste Knoten wird zum Ärgernis, wenn er unlösbar in ein Seil geknüpft ist, das glatt und geschmeidig sein soll. Außerdem darf ein Knoten das Seil, in das er geknüpft wird, nicht beschädigen. Diese Eigenschaft scheint auf den ersten Blick vielleicht nicht erwähnenswert, weil Knoten ja nicht spitz oder scharf sind, also Seil und Schnur nicht zerschneiden können. Es gibt aber durchaus Knoten, die in ihrem Innern so stark aneinander scheuern, dass sie feineres Seilmaterial angreifen. Deshalb kann es von Bedeutung sein, welche Knoten sich wie stark »bekneifen« – wie man das Aneinanderscheuern der Seile im Knoten nennt.

Was die Qualität ausmacht

Eine weitere sehr wichtige Eigenschaft von guten Knoten werden Sie schnell erkennen, wenn Sie sich einige davon in diesem Buch angeschaut und nachgeknotet haben: Knoten sollten immer möglichst einfach und nachvollziehbar sein. Die Qualität eines Knotens lässt sich u.a. daran messen, ob er leicht zu binden ist und man nicht vergisst, wie er geknüpft wird. Im Gegensatz zu den bisher aufgezählten Eigenschaften scheint es nicht unbedingt notwendig zu sein, dass ein Knoten schön ist. Es gibt aber dennoch sogar eine ganze Gattung von Knoten, deren wichtigste Eigenschaft ihre Anmut ist: die Zier- oder Schmuckknoten.

Eine kleine Geschichte der Knoten

Knoten sind so alt wie die Finger der Menschen. Schon die Jäger in der Steinzeit stellten ihre Fallen mit Hilfe von Knoten. Wie man durch Grabfunde weiß, schätzten auch die Menschen im alten Ägypten die verschiedenen Eigenschaften von Knoten. Die Inkas entwickelten sogar eine eigene Knotenschrift, mit der sie sich untereinander verständigen konnten. Die alten Griechen und Römer besaßen ebenfalls eine ausgeprägte eigene Knotenkultur. Am berühmtesten ist wohl die Legende um den Gordischen Knoten, den Alexander der Große im Jahre 333 v. Chr. angeblich durchschlug.

Im Mittelalter waren Knoten Bestandteil der Volkskultur. So schenkte die Braut ihrem Bräutigam geknotete bunte Bänder als Zeichen ihrer Treue und Liebe. Jedoch galten Knoten nicht nur als Zeichen der Verbundenheit, sondern man empfand sie bei Geburt und Tod auch als hinderlich. Deshalb mussten z. B. in der Umgebung einer Wöchnerin alle Knoten gelöst werden – ein symbolischer Akt, um die Trennung von Mutter und Neugeborenem bzw. den Übergang vom Leben zum Tod auszudrücken.

Von der christlichen Seefahrt bis heute

Einen rasanten Aufschwung erlebte die Knotenkultur mit Beginn der christlichen Seefahrt. Auf den Segelschiffen, die im Laufe der Zeit immer größer wurden, brauchte man immer mehr und immer bessere Knoten. Je weiter man fuhr, desto zuverlässiger mussten auch die Knoten sein. Den Höhepunkt erreichte diese Entwicklung auf den großen Segelschiffen im 18. und 19. Jahrhundert. In dieser Zeit wetteiferten die Matrosen darum, die besten Knoten zu binden. Wer einen seltenen Knoten kannte oder einen neuen erfunden hatte, genoss an Bord großes Ansehen. Es ist daher nicht erstaunlich, dass die meisten der Knoten, die man auch heute noch kennt, aus der Seefahrt stammen.

Mit dem Aufkommen der Dampfschiffe gegen Ende des 19. Jahrhunderts verloren die Knoten ihre zentrale Bedeutung auf See; ein Rest hat sich aber bis heute erhalten. Viele Gebrauchsgegenstände an Bord wie Matten oder Griffe werden auch heute noch geknotet, obwohl man natürlich Gummimatten oder Plastikgriffe verwenden könnte.

Außerdem wird nach wie vor seit Jahrhunderten die Geschwindigkeit von Schiffen in Knoten gemessen. Dies ist ein alter Seefahrerbrauch, der sich bis in unsere Tage gehalten hat. Die Seeleute verwendeten ein langes Tau, in das sie in regelmäßigen Abständen Knoten knüpften; dieses Tau befestigten sie an einer Planke und warfen sie während der Fahrt über Bord. Wenn sich die Leine abspulte, konnten die Matrosen anhand der Knotenanzahl pro Zeiteinheit die Geschwindigkeit des Schiffes errechnen. Heute bedeutet ein Knoten eine Seemeile pro Stunde (= 1,852 km/h). Die Sportsegler benutzen ebenfalls ganz selbstverständlich Knoten, die sich in der Vergangenheit bewährt haben. Auch Bergsteiger und Angler profitieren von der langen Knotentradition, und nicht zuletzt gibt es nach wie vor Menschen, denen die Schönheit der kunstvollen Gebilde am wichtigsten ist. Die Geschichte der Knoten ist noch lange nicht beendet.

Was ist ein Gordischer Knoten?

Die Legende beginnt in grauer Vorzeit, als die Phrygier ohne einen König waren. Sie erhielten jedoch die göttliche Anweisung, auf einen Mann zu warten, der in einem Eselskarren zum Zeustempel gefahren käme. Diesen sollten sie zum König zu machen. Wie die Prophezeiung vorschrieb erhoben die Phrygier Gordios zum König, da er der erste war, der mit einem einfachen Karren zum Tempel fuhr. Seinen Wagen weihten sie Zeus. Seitdem gehörten die phrygischen Könige dem Geschlecht Gordios' an, und um seinen Wagen rankten sich immer mehr Geschichten und Legenden. Eine davon ist die des Gordischen Knotens.

Der Gordische Knoten war ein sehr kunstvoller Knoten an der Deichsel des berühmten Wagens. Niemand konnte diesen Knoten lösen so sehr er sich auch bemühte, und der Knoten bekam deshalb für die Menschen eine ganz besondere Bedeutung: Wer ihn lösen konnte, der würde die Herrschaft über ganz Asien erlangen. Als Alexander der Große auf seinen Heerfahrten nach Gordios kam, sicherte er sich die Macht über Asien, indem er den Knoten kurzerhand durchschlug.

Bemerkenswert an dieser Legende ist umso mehr, dass Alexander ganz Asien unterjochen konnte, obwohl er den Gordischen Konten nicht löste, sondern zerstörte.

Die Grundelemente der Knoten

Obwohl man so viel über die verschiedenen Eigenschaften von Knoten sagen und schreiben kann, sind sie doch ganz einfache Gebilde, die aus nur wenigen Elementen bestehen.

Bucht

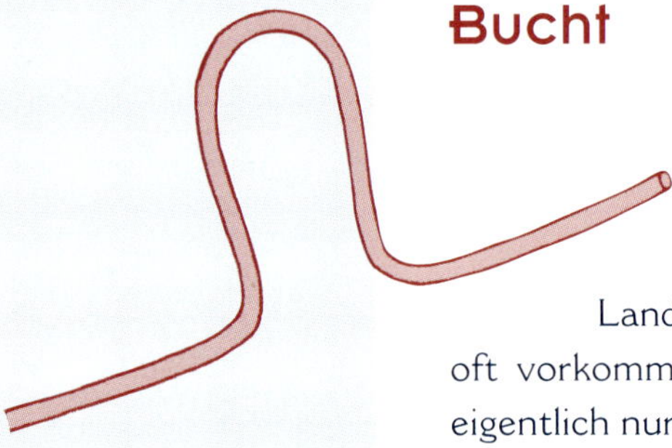

Die Bezeichnung Bucht spricht im Prinzip für sich. Eine Bucht ist eine Ausdehnung eines Sees oder Meeres in das Land hinein. Die Bucht, die beim Knoten sehr oft vorkommt, hat genau die gleiche Form. Sie stellt eigentlich nur eine Wölbung dar, die man in ein Seil hineinlegt.

Auge

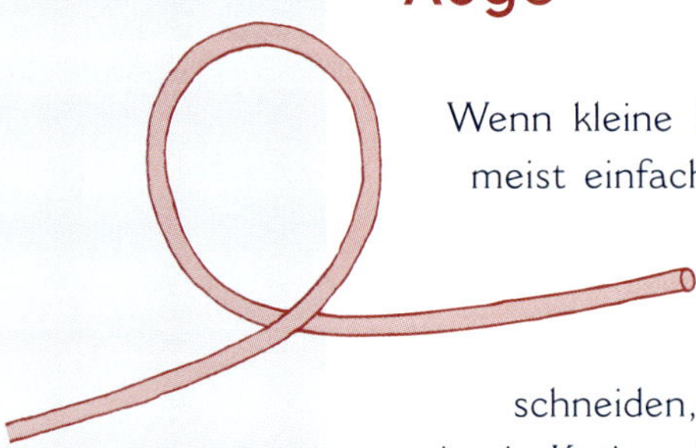

Wenn kleine Kinder Augen malen, so zeichnen sie meist einfach zwei nebeneinander liegende Kreise. Legt man ein langes Seil zu einem kleinen Kreis zusammen, sodass sich die Seilenden an einer Stelle überschneiden, bezeichnet man das als Auge. Denn wie ein Kreis auf einem Kinderbild erinnert ein Kreis in einem Seil an ein menschliches Auge.

Törn

Ein Törn besteht eigentlich nur aus einem Auge. Der Unterschied zwischen Auge und Törn liegt darin, dass ein Törn immer um einen Gegenstand, z.B. einen Poller, einen Baum oder einen Wäscheständer geschlagen wird.

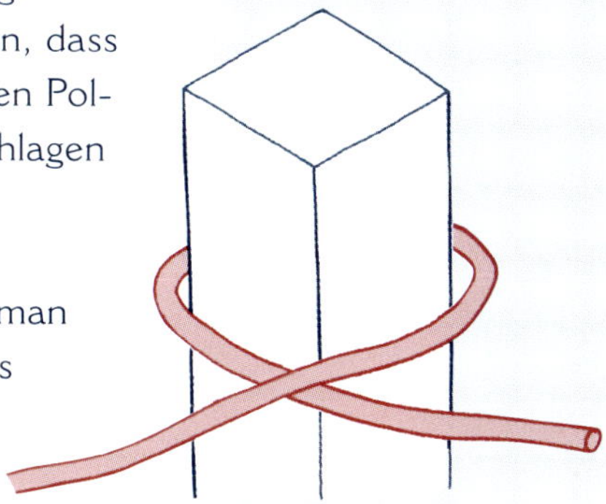

Wenn in der Beschreibung eines Knotens steht, man solle einen Törn schlagen, so bedeutet das, dass man das Seil einmal ganz um den jeweiligen Gegenstand oder eben um ein anderes Seilstück herumführen muss.

Halber Schlag

Ein Halber Schlag ist schon ein ganz einfacher Knoten, der oft als zusätzliche Sicherung bei komplizierteren Knoten eingesetzt wird. Viele Menschen sichern z.B. ihre Schuhschleife, indem Sie in die beiden Schlaufen einen Halben Schlag hineinbinden (vgl. Seite 20). Für sich genommen hält er jedoch fast keinem Zug stand.

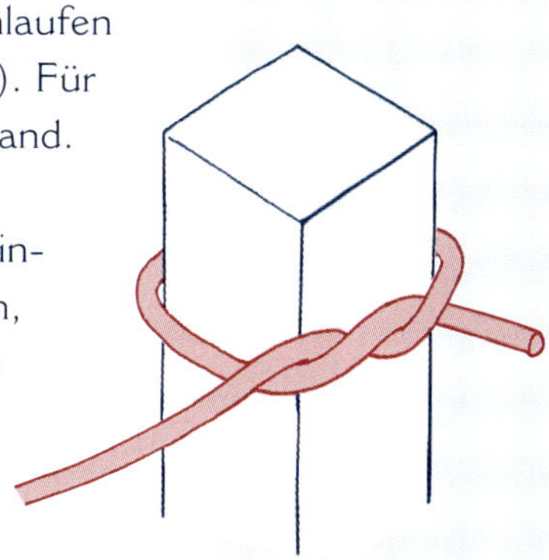

Um einen Halben Schlag an einen Balken zu binden, schlägt man einen Törn um diesen Balken, führt das Seilende anschließend um das andere Seilstück und steckt dann das Ende in die entstandene Schlaufe.

Beim Segeln wird der Halbe Schlag oft »beigebändselt«, was bedeutet, dass das Seilende einfach mit einem Faden am Seil, mit dem man geknüpft hat, festgebunden wird.

Das Knotenmaterial

Ursprünglich bestanden Seile, Schnüre und Leinen aus Pflanzenfasern. Man verarbeitete Hanf, Sisal, Flachs, Baumwolle oder Kokosfaser. Heute werden nur noch wenige Seile aus Pflanzenfasern hergestellt. Nur Jutegarn, das vor allem für Makrameearbeiten benutzt wird, und Baumwollfäden bekommt man noch überall.

Als erste Kunstfaser kam nach dem zweiten Weltkrieg Nylon auf. Genau wie die erst später eingesetzten Materialien Polyester und Polypropylen hat Nylon eine sehr viel höhere Reißfestigkeit als Pflanzenfasern. Gleichzeitig behalten Kunstfaserseile ihre Geschmeidigkeit, auch wenn sie mit Wasser in Berührung kommen. Pflanzenfasern verlieren dagegen bei Nässe bis zu 40% ihrer Reißfestigkeit. Zudem werden sie schneller steif und verlieren dann an Geschmeidigkeit. Ein weiterer Vorteil der Kunstfaserseile ist, dass sie viel gleichmäßiger sind, sodass sie beispielsweise in Flaschenzügen und Lastkränen ruhiger laufen. Die Kunstfaser hat sich also der Pflanzenfaser eindeutig als überlegen erwiesen.

Naturfasern findet man nur noch bei Materialien für Zier- und Schmuckknoten. Bei diesen Knoten spielen nicht so sehr Belastbarkeit und Geschmeidigkeit eine Rolle, sondern Form und Farbe des Materials. Bindet man z. B. eine normale Schleife in eine Kordel, entsteht eine andere Form, als wenn man sie in einen schmalen Stoffstreifen knüpft. Im Grunde kann man Schmuckknoten in alle Materialien binden.

Wo bekommt man das Material?

Eine reichhaltige Auswahl solcher Materialien bekommt man in den so genannten Kreativläden oder Hobbymärkten. Meist hat auch ein normales Schreibwarengeschäft eine kleine Auswahl an Bändern und Schnüren vorrätig. Für schöne Lederbänder lohnt sich manchmal auch ein Gang zum nächsten Schuster. In Wollgeschäften oder in den Kurzwarenabteilungen der Kaufhäuser kann man ebenfalls häufig fündig werden. Es gibt zudem einige Versandunternehmen, die sich auf Bastelbedarf spezialisiert haben. Allerdings haben nur wenige tatsächlich ein ausreichendes Sortiment an Schnüren und Bändern. Die Adresse eines Versandhauses, bei dem man Material für Zier- und Schmuckknoten erhält, finden Sie im Anhang (Seite 144).

Auch der Freund von nützlichen Knoten wird vom Versandhandel bedient. Dieser Bereich ist jedoch stark spezialisiert. Es gibt sowohl Versandhändler für Kletterer und Bergsteiger als auch für Segler. Bei beiden können Sie hochwertige Seile erhalten, die einiges aushalten. Natürlich kann man aber auch in ein normales Sportgeschäft gehen und dort nach Sportseilen fragen. Angler haben ebenfalls ihre Spezialgeschäfte, in denen man strapazierfähige Schnüre bekommen kann. In solchen Geschäften kann man sich überdies beraten lassen, welches Seil sich für den jeweiligen Zweck eignet. Wenn man jedoch nur ein paar Meter gutes Seil kaufen will, um beispielsweise einen Baum hochzubinden, geht man besten in den nächstgelegenen Baumarkt. Hier finden Sie meist eine ausreichend große Auswahl an guten Seilen (Alle Bezugsadressen finden Sie im Anhang, Seite 144).

Alte Bekannte

Die gebräuchlichsten einfachen Knoten

Einen alten Bekannten kennt man gut. Man weiß, wo er wohnt, was für einen Job er hat und wie alt seine Kinder ungefähr sind. Aber manchmal fragt man sich, ob man ihn wirklich kennt. Ist er zufrieden mit seinem Leben, liebt er seine Arbeit, geht es ihm gesundheitlich wirklich so gut, wie er immer behauptet? Wenn man darüber mit einem alten Bekannten spricht und ihm zuhört, wird er langsam zum Freund.

Ähnlich ist es mit den einfachen Grundknoten. Jeder benutzt und kennt sie, aber nur wenige wissen, wie sie funktionieren, wozu sie wirklich gut geeignet sind und wann man sie besser nicht benutzen sollte. Erst wenn man diese Fragen beantwortet hat, wird ein Knoten zu einem treuen Freund, der in jeder Lage seinen Dienst zuverlässig versieht.
Sogar bei den sehr verbreiteten Knoten existieren große Unterschiede. Es gibt leichter zu bindende Knoten und etwas schwierigere. Sehen Sie sich auch die einfachen Knoten an, da gerade sie bei komplizierteren Knoten häufig genutzt werden.

Sicher zählt der eine oder andere einen Knoten zu seinen alten Bekannten, den ich nicht in diesem Kapitel aufführe. Aber auch hier ist es wie im täglichen Leben. Man kann sich nicht jeden zum Freund machen. Wer also einen Bekannten vermisst, suche ihn weiter hinten im Buch.

Überhandknoten

Zu den alten Bekannten zählt zuallererst der Überhandknoten (Abb. 1, 2), der auch unter einigen anderen Namen bekannt ist: Einfach-, Einzel-, Daumen-, Allgemeiner oder Gewöhnlicher Knoten. Sicher haben Sie diesen Knoten schon selbst benutzt.

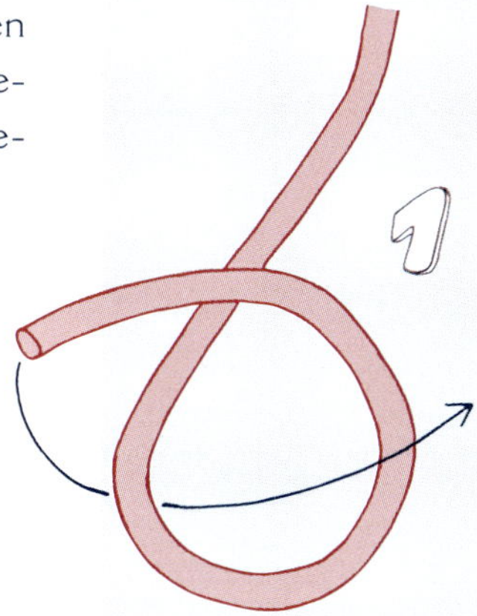

1

Wenn Sie vor sich ein Seil liegen haben, nehmen Sie das lose Seilende, das in Ihre Richtung zeigt. Das andere Ende kann irgendwo festgemacht sein. Mit diesem losen Ende kreuzen Sie das Seil, wodurch ein Kreis, »Auge« entsteht. Durch das Auge führen Sie anschließend das lose Ende und ziehen es fest.

Wichtig ist vor allem, dass der Überhandknoten in den verschiedensten Varianten bei aufwändigeren Knoten immer wieder auftaucht. Um erfolgreich kompliziertere Knoten binden zu können, sollte man deshalb den Überhandknoten und alle anderen Grundknoten so lange üben, bis man sie im Schlaf beherrscht und sie »gute Freunde« geworden sind.

Der Überhandknoten hält sehr gut und ist überaus sicher. Aber er bekneift sich auch stark, d.h. die beiden Seilstücke scheuern im Knoten aneinander, was das Material erheblich beschädigen kann. Deshalb sollte man den Überhandknoten lieber nicht benutzen, wenn der Knoten große Lasten aushalten muss.

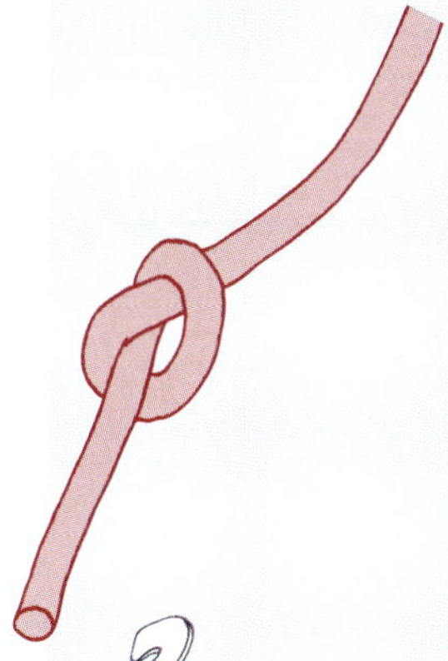

2

Außerdem ärgert sich jeder über diesen Knoten, spätestens wenn er ihn wieder lösen will. Denn ist der Überhandknoten einmal belastet worden, wird das Lösen zu einer Herkules-Arbeit.

Achtknoten

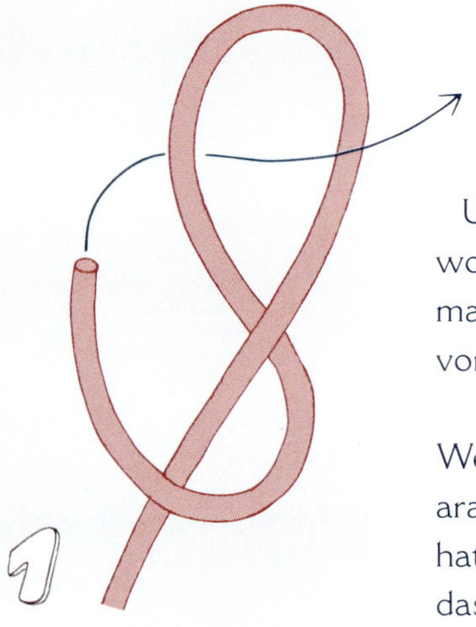

Wenn ein einfacher Knoten zu binden ist, benutzen Segler und Angler am liebsten den Achtknoten (Abb. 1, 2), der auch unter den Bezeichnungen Angler- oder Savoyknoten bekannt ist.

Um einen Achtknoten zu binden, legt man ein Auge, wobei das lose Ende unter dem Seil liegt. Dann führt man das Seilende über dem Seil her und anschließend von unten durch das Auge.

Wenn man den Knoten zuzieht, erhält er die Form der arabischen Ziffer Acht, was ihm seinen Namen gegeben hat. Er dient vor allem als einfacher Stopperknoten, der das Ausrauschen (Herausrutschen) eines Seilendes aus einer Öffnung verhindert.

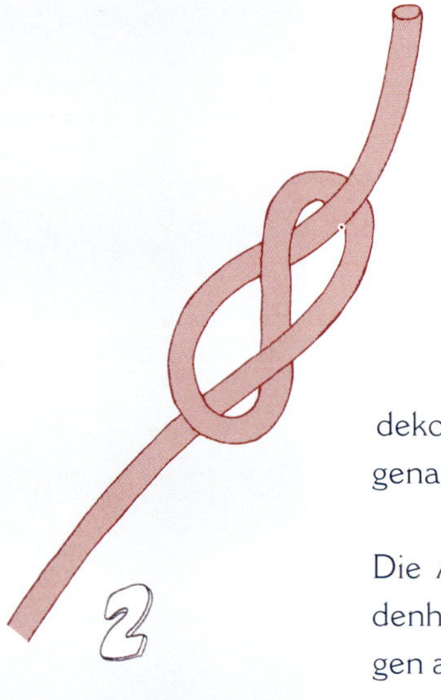

Der Achtknoten hat den Vorteil, dass er sich nicht so stark bekneift und leicht wieder zu lösen ist. Außerdem braucht man für den Achtknoten mehr Seil als beispielsweise für den Überhandknoten, sodass der Knoten größer wird, was ihn als Stopperknoten geeigneter macht. Dabei hält er genauso gut wie der Überhandknoten. Aufgrund seiner gleichmäßigen Form ist der Achtknoten außerdem als Bestandteil von dekorativen Knoten beliebt, über die Sie sich ab Seite 69 genauer informieren können.

Die Achtform kann aber auch als Symbol der Verbundenheit verstanden werden, sodass der Knoten auf einigen alten Wappen als Zeichen der Treue und der Zusammengehörigkeit erscheint.

Einfacher Laufknoten

Der Einfache Laufknoten oder Slipstek gehört zu den guten alten Bekannten und ist eng mit dem Überhandknoten verwandt. Wie alle Laufknoten stellt er nichts anderes als eine Schlaufe dar, die sich zu- und aufziehen lässt.

Man bindet ihn, indem man sich – wie beim Überhandknoten – ein Auge beispielsweise um den Finger legt und anschließend eine Bucht durch dieses Auge zieht. Natürlich kann man ihn auch anders knüpfen: Man stellt einen ganz normalen Überhandknoten her und steckt dann das Seilende durch den Überhandkonten zurück. Beide Arten, den Einfachen Laufkonten zu knüpfen, zeigen, dass diese Schlaufe eng mit dem Überhandknoten verwandt ist.
Der Einfache Laufknoten zeichnet sich dadurch aus, dass er sich sofort auflöst, wenn Zug auf das lose Seilende kommt.

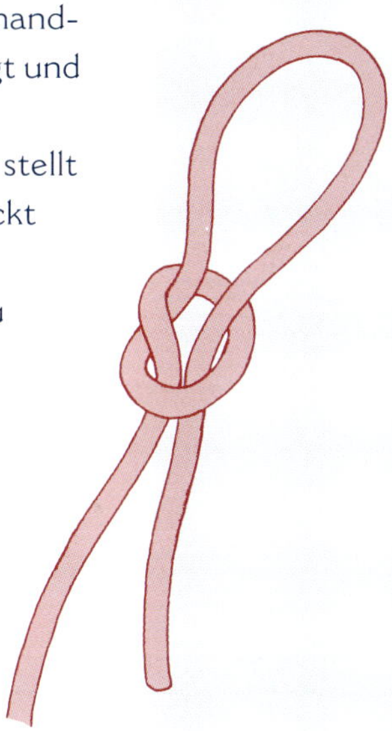

Andererseits zieht sich die Schlaufe zu, wenn an ihr gezogen wird. Deshalb verwendet man den einfachen Laufknoten beim Segeln, wenn nur provisorisch angelegt wird und man damit rechnet, sehr schnell abzulegen. Dann genügt ein Ruck, und das Boot ist frei.

Früher wurde der Laufknoten von Wilderern und Fallenstellern geschätzt. Ein Tier, das einmal in die Schlaufe geraten war, zog durch seine vergeblichen Fluchtversuche die Schlaufe nur immer weiter zu. Heute eignet sich der Laufknoten, um beispielsweise ein provisorisches Hundehalsband zu binden.

Schuhschleife

Jeder kennt das Problem: Entweder geht die Schleife ständig auf oder man hat sich beim Lösen einen Knoten in die Schnürsenkel gebunden, der unauflösbar scheint. Um diese Ärgernisse zu vermeiden, bindet man die Schuhschleife (Abb. 1–4) am besten folgendermaßen:

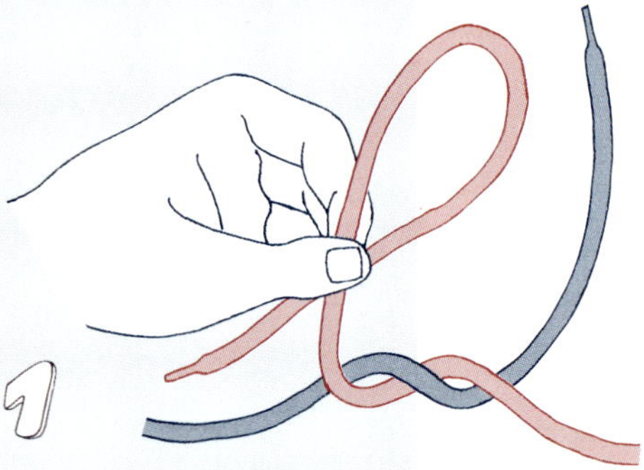
1

Die beiden Schnürsenkel werden übereinander gekreuzt. Dann windet man den einen Senkel (egal welchen) mit einem Halben Schlag um den anderen. Anschließend bildet man zwischen Zeigefinger und Daumen eine Schlaufe, um die man auf Höhe der Fingerspitzen mit dem anderen Schnürsenkel einmal ganz herumfährt, also einen Törn schlägt.

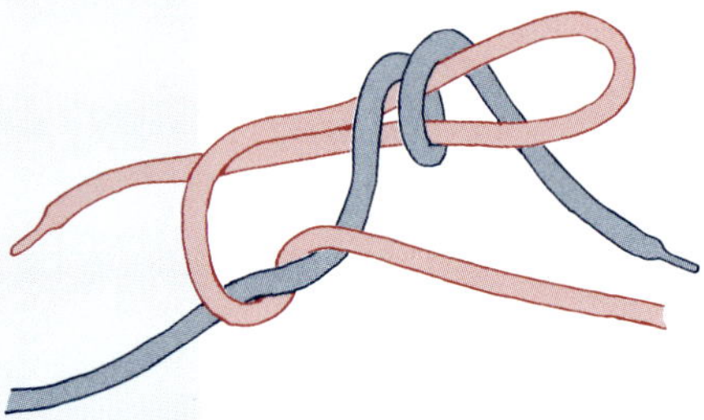
2

Um die Festigkeit zu erhöhen, kann dann noch ein zweiter Törn gelegt werden. Darauf zieht man den Senkel, mit dem man die Törns geschlagen hat, als Bucht an der Stelle durch, an der man seinen Daumen hat.

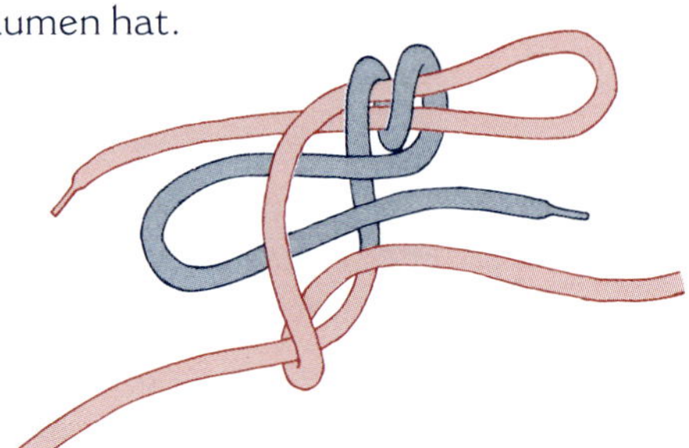
3

Um Ihre Schleife weiter zu verbessern, können Sie die beiden Schlaufen noch einmal mit Halben Schlägen wie zu Beginn verknoten (Abb. 5).

Diese Schuhschleife wird nicht aufgehen, lässt sich genauso leicht lösen wie eine einfache Schleife und sieht zudem noch hübsch aus. Probieren Sie es einfach einmal: Man kann auf die Schleife noch viele andere Knoten setzen, die natürlich möglichst leicht zu lösen sein sollten.

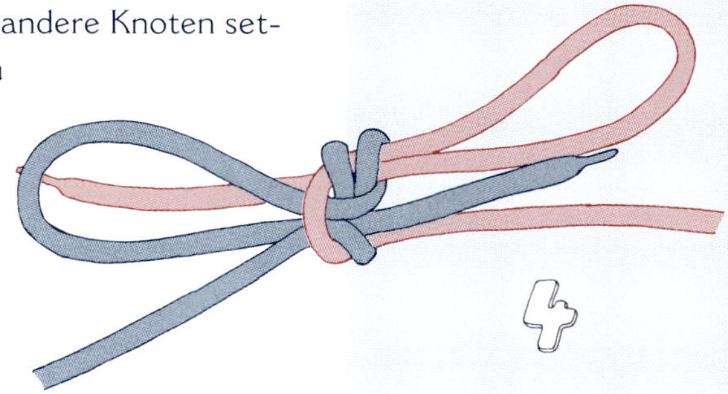

4

Obwohl schon der Name der Schuhschleife sagt, wofür sie in der Regel verwendet wird, sollte man auch hier nicht vergessen, dass die meisten Knoten bei den verschiedensten Gelegenheiten einsetzbar sind. Die Schuhschleife wird beispielsweise aufgrund ihrer beliebig groß knüpfbaren Schlaufen und ihrer symmetrischen Form oft als Schmuckknoten genutzt. Man bindet sie z.B. in ein Haarband oder benutzt Sie, um ein Geschenk zu verzieren. Auch die Fliege, die neben der Krawatte in der Herrenmode wieder beliebter wird, ist nichts anderes als eine Schuhschleife (vgl. Seite 76).

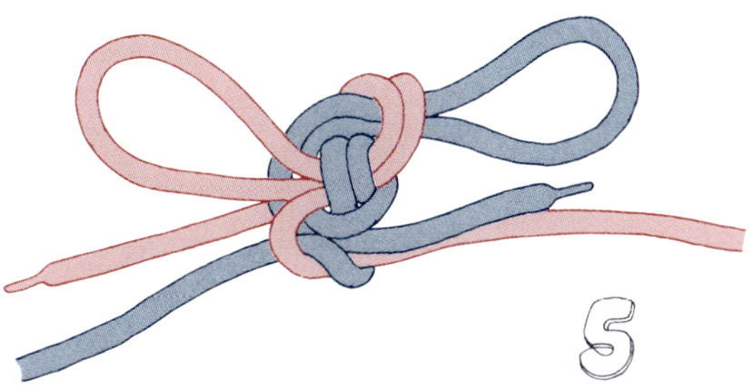

5

Paketknoten

Jeder hat so seine eigene Methode Pakete zu schnüren. Einen interessanten Paketknoten (Abb. 1, 2), mit dem man kleine Päckchen und auch unhandliche Pakete gut verschnüren und sicher auf den Weg schicken kann, möchte ich hier vorstellen. Er hält sehr gut und kann doch vom Empfänger des Pakets leicht gelöst werden, sodass dieser dem Paket nicht mit Schere und Gewalt zu Leibe rücken muss.

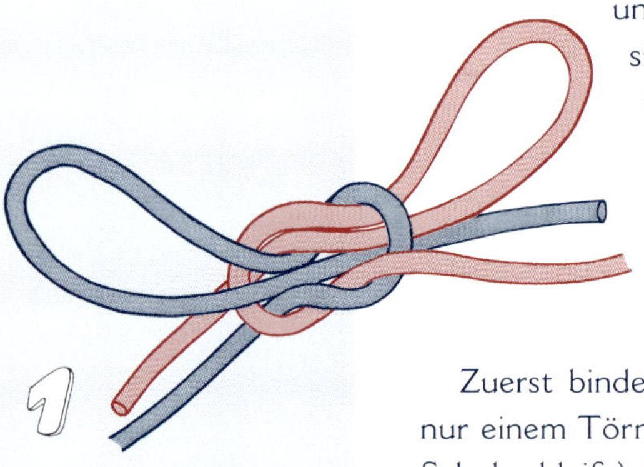

1

Zuerst bindet man eine einfache Schuhschleife mit nur einem Törn (im Gegensatz zu der schon gezeigten Schuhschleife). Dann steckt man die rechte durch die linke Schlaufe und zieht die linke Schlaufe um die rechte fest.

Man kann natürlich rechts und links beliebig vertauschen. Ein Paketknoten, der sich mit einiger Übung in Sekundenschnelle fabrizieren lässt. Er ist viel fester und haltbarer als eine Schleife, lässt sich aber trotzdem ziemlich leicht lösen.

Denn auch wenn Sie den Knoten mit aller Gewalt festzurren, damit Ihr Paket sicher transportiert werden kann, wird der Empfänger des Pakets trotzdem in sekundenschnelle wissen, was Sie ihm geschickt haben. Er muss nur am freien Seilende der rechten Schlaufe mit einem festen Ruck ziehen. Dann wird sich der Paketknoten sofort auflösen. Bevor Sie Ihr Paket abschicken, sollten Sie am besten einfach testen, ob Sie Ihren Knoten richtig gebunden haben. Der Paketempfänger wird es Ihnen danken.

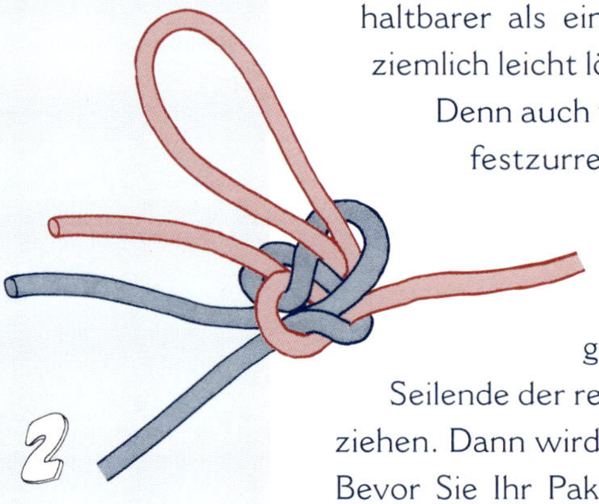

2

Zusammenknoten, was zusammen gehört

Zwei Seile verbinden

Der fast unsichtbare Faden des Chirurgen reißt plötzlich während des Nähens, eine Brücke droht zusammenzustürzen, weil die riesigen Stahlseile brüchig werden: Für die feinsten Fäden und die dicksten Trossen gibt es Knoten, die solche Katastrophen verhindern oder die entstandenen Schäden schnell und effizient beseitigen. Sicher müssen Sie weder Brücken vor dem Einsturz bewahren noch klaffende Wunden nähen. Aber wie steht es mit brüchigen Zeltschnüren, gerissenem Nähgarn oder einem kaputten Abschleppseil? Wenn dann zusammengeflickt wird, was ja nun wirklich zusammengehört, benutzt man oft Knoten, die immer wieder aufgehen, rutschen oder so dick sind, dass man damit z. B. nicht mehr nähen kann. Verzweifelt gibt man auf und beginnt von vorne.

Mit den richtigen Knoten muss das nicht sein. Wenn Sie nur einige wenige Knoten gut beherrschen, können Sie selbst bestimmen, wann zwei Seile sich vereinen und wann sie sich wieder trennen. Am besten üben Sie die Verbindungsknoten mit den Seilen, die dem Buch beigelegt sind. Der große Vorteil dabei ist, dass Sie die beiden Seile jederzeit unterscheiden können. Die Farben Rot und Blau heben sich gut voneinander ab und Sie können die Struktur des Knotens stets nachvollziehen.

Trossenstek

Der Trossenstek (Abb. 1–4) ist der wohl sicherste und wegen seiner symmetrischen Form auch schönste Verbindungsknoten.

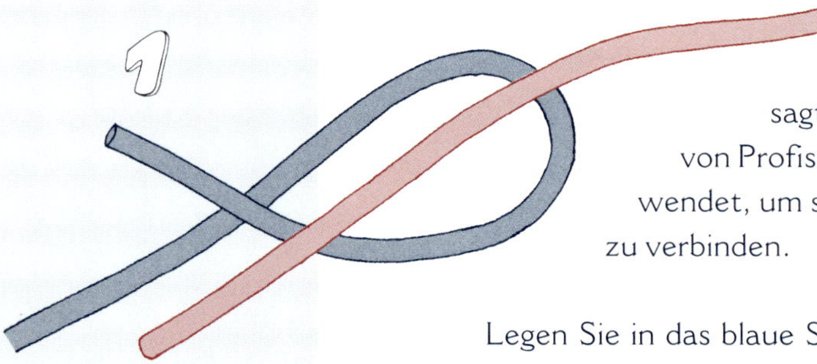

Wie der Name schon sagt, wird der Trossenstek von Profis – meist Seeleuten – verwendet, um starke Trossen oder Taue zu verbinden.

Legen Sie in das blaue Seil ein Auge, wobei das Seilende die Schnur überquert. Dann ziehen Sie das rote Seil parallel zum längeren Teil des Seils diagonal über dieses Auge.

Anschließend fahren Sie außerhalb des Auges erst unter dem blauen Seil, darauf über dem blauen Seilende her. Dann zieht man das rote Seil von unten in das Auge und überquert innerhalb des Auges das vorher diagonal platzierte rote Seilstück, worauf man wieder unter dem blauen Auge durchtaucht.

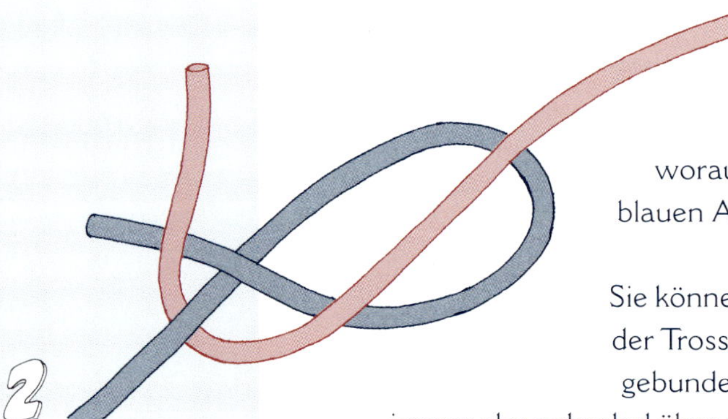

Sie können leicht kontrollieren, ob der Trossenstek tatsächlich richtig gebunden ist: Beide Seile müssen immer abwechselnd über und unter einem anderen Seilstück herführen.
Dadurch ergibt sich auch die schöne Form des Trossensteks.

3

4

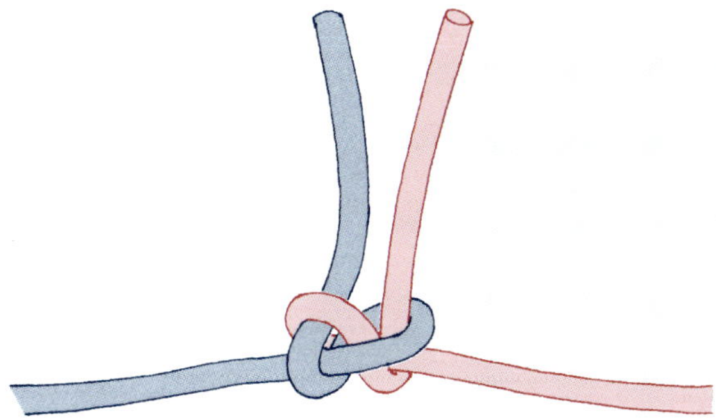

Diderots einfacher Trossenstek

Wie bei allen wirklich guten Knoten existieren auch beim Trossenstek die verschiedensten Varianten. Der kurioseste Trossenstek ist wohl Diderots einfacher Trossenstek. Denis Diderot (1713-1784) war ein französicher Philosoph und Schriftsteller. Eines seiner Hauptwerke ist die „Encyclopèdie", ein umfangreiches Konversationslexikon, in dem er versuchte, das Wissen der Zeit zusammenzufassen. In dieser Enzyklopädie bschreibt Diderot auch einen Einfachen Trossenstek. Leider aber stellt er nichts anderes als einen Weberknoten oder Schotstek vor (vgl. Seite 32). Dass Diderot überhaupt Knoten in sein gelehrtes Werk aufnahm, zeigt aber, welchen Stellenwert diese im Alltag des 18. Jahrhunderts besaßen.

Altweiberknoten

Seit Jahrtausenden ist die Seefahrt fest in Männerhand. Auf den großen Segelschiffen haben die Matrosen die Knotenkultur zur Blüte gebracht.

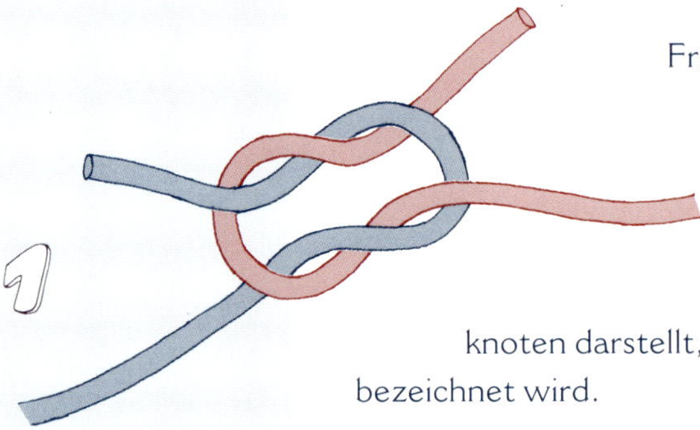

1

Frauen, gar alte Weiber, hatten auf Segelschiffen durchaus nichts zu suchen. Daher erstaunt es nicht, dass ein Knoten, der nichts anderes als einen falsch gebundenen Kreuzknoten darstellt, abwertend als Altweiberknoten bezeichnet wird.

Dieser Knoten geht recht leicht auf, besonders wenn man dickeres Tauwerk verwendet. Bei dünneren Seilen bekneift er sich so stark, dass er oft reißt und sich nur sehr schwer wieder aufknoten lässt.

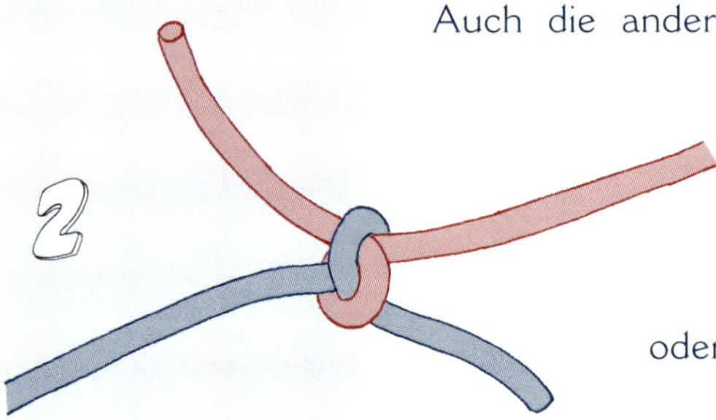

2

Auch die anderen Namen oder Bezeichnungen des Altweiberknotens machen eindrucksvoll deutlich, dass ein echter Knotenfreund ihn keinesfalls verwenden wird und ihn verachtet: Falscher Knoten, Tolpatsch-, Kalb-, oder Tölpelknoten.

Am besten binden Sie den Altweiberknoten gar nicht, sondern studieren nur die Zeichnung (Abb. 1, 2). Wenden Sie sich sofort dem Kreuzknoten (Seite 27) zu und vergleichen Sie die beiden Knoten miteinander. Sicher finden Sie den Fehler des Altweiberknotens.

Kreuzknoten

Den Kreuzknoten (Abb. 1–3) beginnen Sie, indem Sie wie bei der Schuhschleife die rote über die blaue Schnur legen und sie um die blaue Schnur winden. Dann wird die rote Schnur zum zweiten Mal von oben um die blaue Schnur gewunden.
An diesem Punkt ist Konzentration gefragt: Wenn Sie nämlich hier von unten um die blaue Schnur fahren, entsteht der Altweiberknoten.

1

Kontrollieren Sie, ob der Knoten eine symmetrische Form hat: Die beiden roten Seilstücke müssen an der Stelle, an der sie aus dem Knoten heraustreten, gemeinsam über oder gemeinsam unter dem blauen Seil herlaufen.

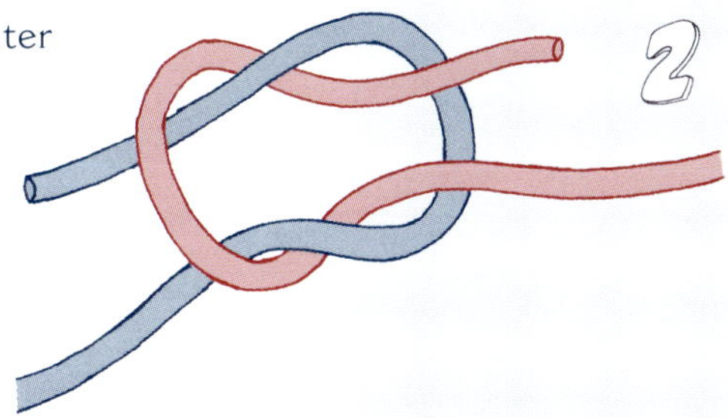

2

Der Kreuzknoten eignet sich gut, um Stricke gleicher Stärke zu verbinden, Vorsicht ist jedoch bei Seilen unterschiedlicher Stärke geboten.

Der Knoten lässt sich z. B. bei Sommerfesten oder Sportwettkämpfen gut verwenden, wenn provisorische Absperrungen errichtet werden müssen, denn er lässt sich nach der Veranstaltung leicht lösen. Ziehen Sie am blauen Seilende in Richtung des roten Seils, und der Knoten kippt um und löst sich.

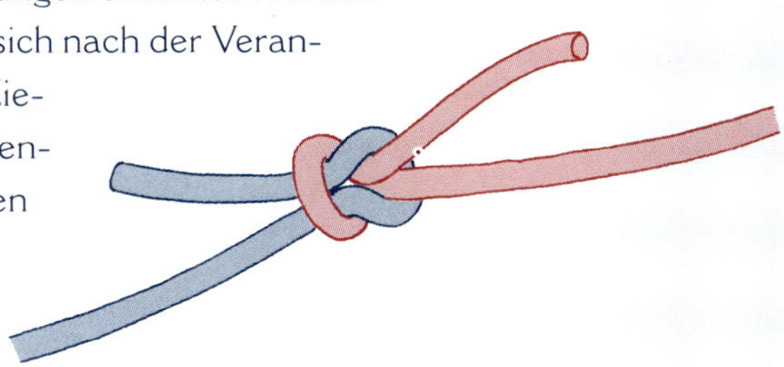

3

Kreuzknoten mit Slipstek

Muss der Kreuzknoten starken Zug aushalten, empfiehlt sich ein Kreuzknoten mit Slipstek, einem Einfachen Laufknoten (siehe Abbildung).

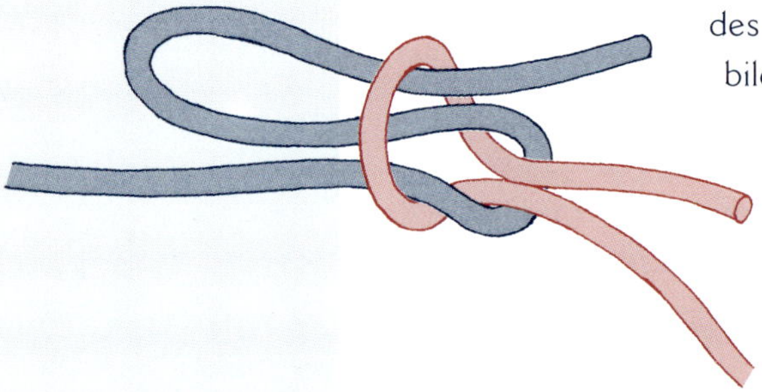

Dazu nimmt man das blaue Seilende, des gerade beendeten Kreuzknotens, bildet eine Schlaufe und steckt das Schlaufenende zurück in den Knoten.

Dafür muss man den Kreuzknoten natürlich so binden, dass mindestens noch zehn Zentimeter blaues Seil aus dem Knoten herausragen. Denn man benötigt ein Stück Seil, um wenigstens eine kleine Schlaufe knüpfen zu können.

Ob Sie den Kreuzknoten mit Slipstek richtig geknüpft haben, können Sie leicht kontrollieren: Das rote Seil muss genau wie beim Kreuzknoten verlaufen, das blaue Seil sollte dagegen jetzt dreimal unter oder über dem roten Seil hergezogen sein.

Bei aller Festigkeit lässt sich dieser Knoten noch leichter lösen, indem man einfach mit einem Ruck am blauen Seilende zieht.

Der Kreuzknoten mit Slipstek leistet überall dort gute Dienste, wo provisorisch Seile verbunden werden müssen, um beispielsweise mittelschwere Lasten und Gewichte zu ziehen oder zu tragen.

Freihandknoten

Wenn zwei Seile schnell miteinander zu verknoten sind, bietet sich der Freihandknoten (Abb. 1, 2) oder Einfache Handknoten als zuverlässiger Helfer an. Man legt einfach die beiden Seile nebeneinander und knüpft mit beiden zusammen einen Überhandknoten. Bei dickerem Tauwerk legt man in das erste Tau einen Überhandknoten und steckt dann das andere in diesen Knoten ein, indem man immer am ersten Tau entlang fährt. Zum Schluss halten Sie zwei parallele Überhandknoten in der Hand.

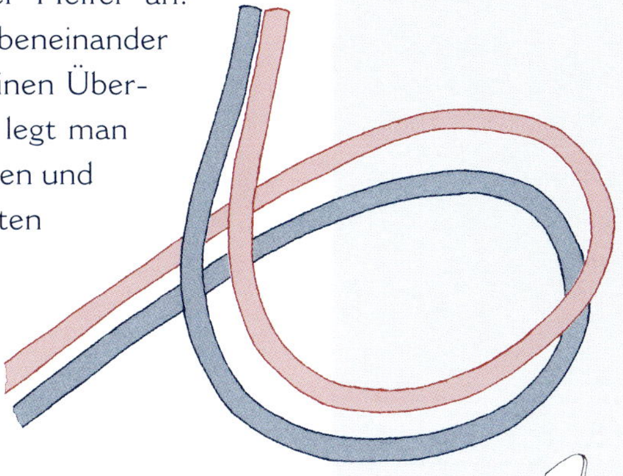
1

Dieser schnell gebundene Knoten ist sehr zuverlässig. Allerdings lässt sich der Freihandknoten nur schwer wieder lösen und bei starkem Zug reißt er leicht. Kletterer und Bergsteiger kennen den Freihandknoten unter dem Namen Sackstich. Sie benutzen ihn vor allem, wenn zum Abseilen mehrere Seile aneinander geknüpft werden müssen. Um das Gewicht eines Menschen zu tragen, eignet sich der Sackstich sicher gut. Trotzdem sollte man sich natürlich nie abseilen, ohne vorher zu prüfen, ob der Knoten auch wirklich hält.

Um den Freihandknoten herzustellen kann man aber auch andere Grundknoten benutzen. Wenn Sie beispielsweise zwei Seile nebeneinander legen und einen Achtknoten hereinbinden, hält diese Verbindung genauso gut. Allerdings wird der Knoten dann sehr viel dicker, lässt sich dafür aber recht leicht wieder lösen.

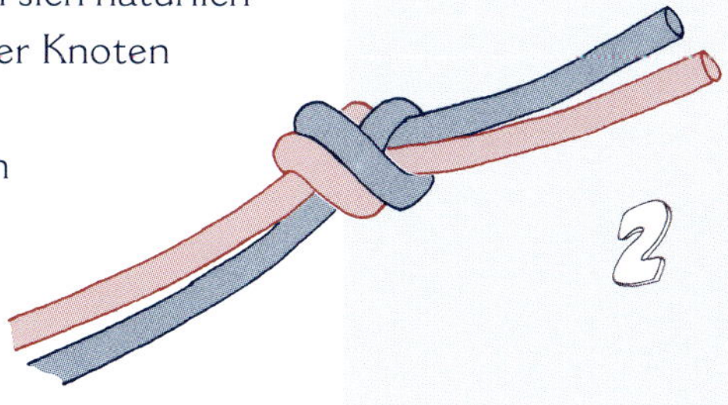
2

Diebesknoten

Es ist nicht einfach, auf Anhieb den Unterschied zwischen einem Kreuz- und einem Diebesknoten (Abb. 1–3) zu erkennen.

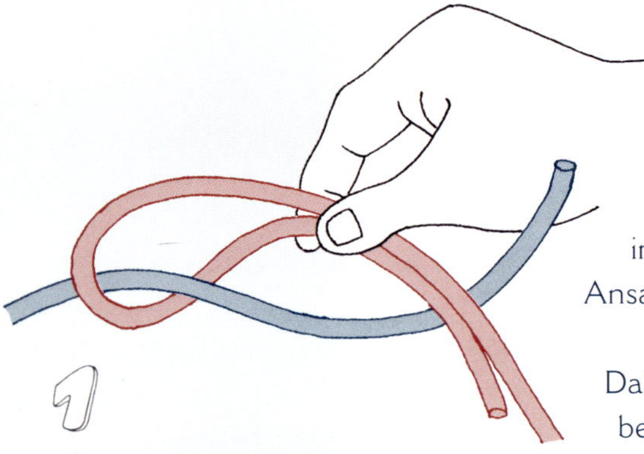

1

Man bindet ihn am besten so, dass man mit dem roten Seil eine Bucht zwischen Zeigefinger und Daumen bildet. Dann fährt man mit dem blauen Seil von hinten durch die Bucht und in der Nähe der Fingerspitzen unter dem Ansatz der Bucht her.

Dabei muss man darauf achten, dass man beim Unterqueren des Buchtansatzes zuerst unter dem losen Seilende und danach unter dem Restseil durchtaucht.
Nun muss die Schnur von vorne wieder in die Schlaufe hineingeführt werden.

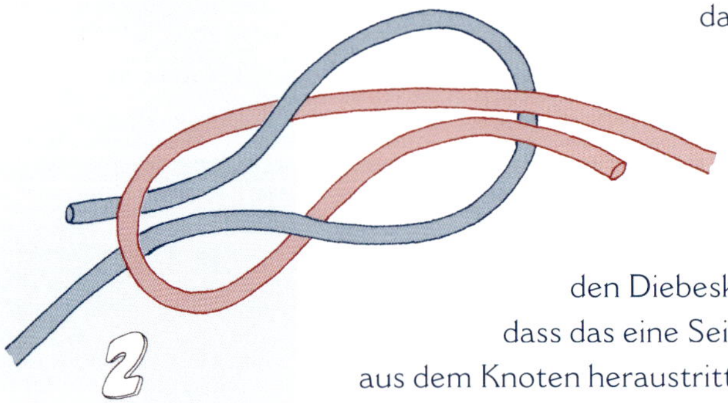

2

Den Diebesknoten erkennen Sie daran, dass er nicht die gleiche strenge Symmetrie wie der Kreuzknoten besitzt. Wenn Sie die zusammengeknoteten Seile von links nach rechts vor sich legen und den Diebesknoten betrachten, sehen Sie, dass das eine Seilende oben, das andere unten aus dem Knoten heraustritt.
Beim Kreuzknoten dagegen kommen immer beide Seilenden gemeinsam entweder oben oder unten aus dem Knoten.

Der Diebesknoten ist allerdings äußerst unzuverlässig. Verwenden Sie ihn daher nie, wenn der Knoten etwas Zug aushalten muss.

Vielleicht können Sie aber Freunden damit ein Rätsel aufgeben: Der Laie nämlich erkennt den Unterschied zwischen Kreuz- und Diebesknoten meist nicht.

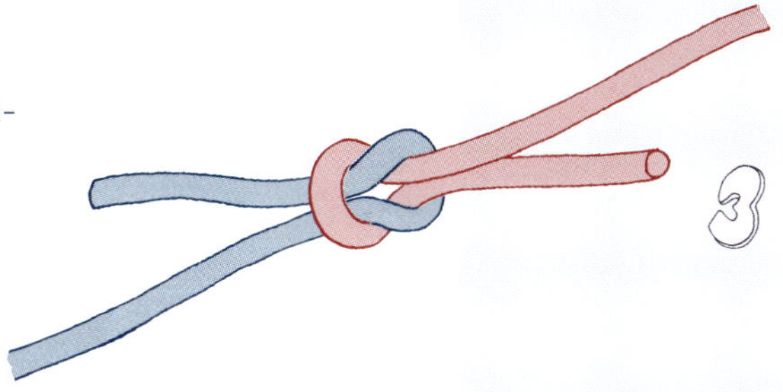

Wie der Diebesknoten zu seinem Namen kam

Ein Seemann, Jon Klüting, hatte schon lange den Verdacht, dass er bestohlen wurde. Ständig verschwanden irgendwelche Kleinigkeiten aus seinem Seesack, mal eine gute Wurst, dann ein paar Knöpfe. Aber Jon konnte noch nicht einmal beweisen, dass überhaupt jemand in seinem Sack gewühlt hatte, weil der nach der Tat immer wieder sorgfältig zugeknotet worden war.

Normalerweise verwendete Jon Klüting – wie die meisten Seeleute – einen Kreuzknoten, um seinen Sack vor Fremden zu sichern. Nun band er einen Knoten, der aussah wie ein Kreuzknoten, aber keiner war. Der Dieb machte den Sack auf und knotete ihn auch dieses Mal wieder zu, jedoch bemerkte er den kleinen Unterschied nicht und knüpfte einen Kreuzknoten. So konnte Jon Klüting beweisen, dass jemand ohne sein Wissen seinen Seesack aufgebunden hatte. Kurz darauf konnte er den Dieb fassen, prügelte ihn durch und überließ ihn seiner Strafe.

Den Knoten, den Jon Klüting damals in seiner Not erfand, nennt man bis heute den Diebesknoten.

Weberknoten

Der Weberknoten oder Schotstek (Abb. 1–3) ist seit ewigen Zeiten bekannt. Als Weben noch zum großen Teil Handarbeit war, benutzten ihn die Weber, um auf dem Webstuhl gerissenen Zwirn schnell zusammenzubinden, ohne dass die Webarbeit unterbrochen werden musste. Um gerissenes Nähgarn zu flicken, eignet sich der Weberknoten auch heute noch hervorragend.

1

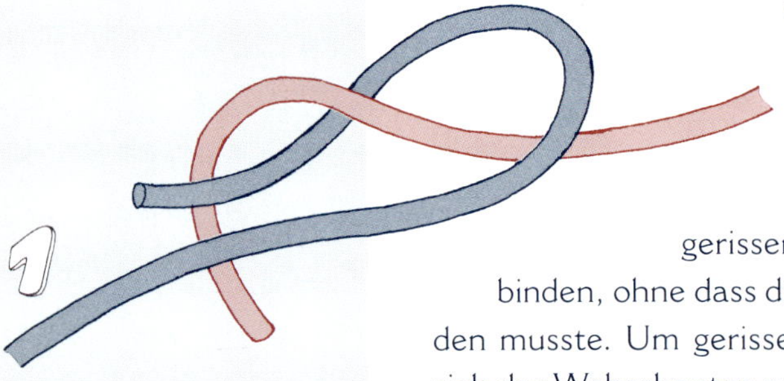

Wird er in dickeres Tauwerk gebunden, nennen ihn die Segler Schotstek. Man kann diesen Knoten ebenfalls besonders gut verwenden, um Seile von verschiedener Dicke zu verbinden.

2

Wenn Sie ihn binden wollen, bilden Sie mit dem blauen Seil eine Bucht. Dann fahren Sie mit dem roten Seil von hinten in diese Bucht, ziehen über die kurze Seite der Bucht hinweg und tauchen unter dem Ansatz der Bucht her, um auf der vorderen Seite die Bucht diagonal zu überqueren. Achten Sie darauf, dass Sie unter der roten Schnur und über der Bucht herfahren. Bei einiger Übung lässt sich der Weberknoten oder Schotstek leicht binden.

3

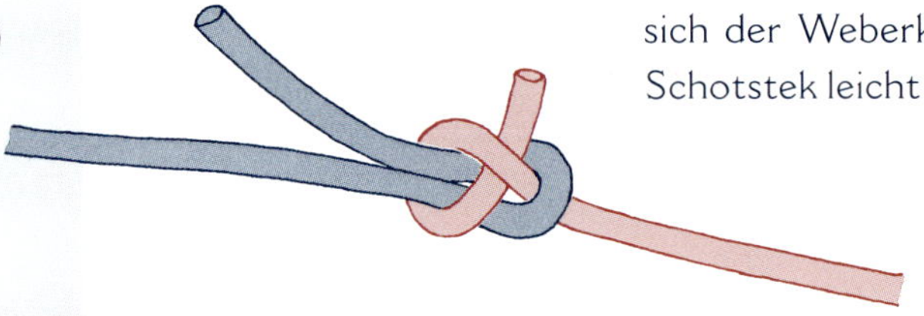

Doppelter Schotstek

Mit dem Doppelten Schotstek (Abb. 1, 2) kann die Sicherheit des einfachen Schotsteks noch zusätzlich erhöht werden. Nachdem Sie den einfachen Schotstek gebunden haben, schlagen Sie mit dem roten Seil einfach nochmals einen Törn um die Bucht und führen es dann wie beim Schotstek unter der roten Schnur hindurch und über die blaue hinweg.

1

Der Knoten wird hauptsächlich von Seglern genutzt, aber auch Landratten sollten diesen sehr verbreiteten Knoten nicht verachten. Natürlich können Sie genauso einen dreifachen Schotstek binden, indem Sie einfach drei Törns um die Bucht schlagen. Spätestens beim vierten Törn erhöht sich die Sicherheit allerdings nicht mehr und das Binden wird ziemlich schwierig.

2

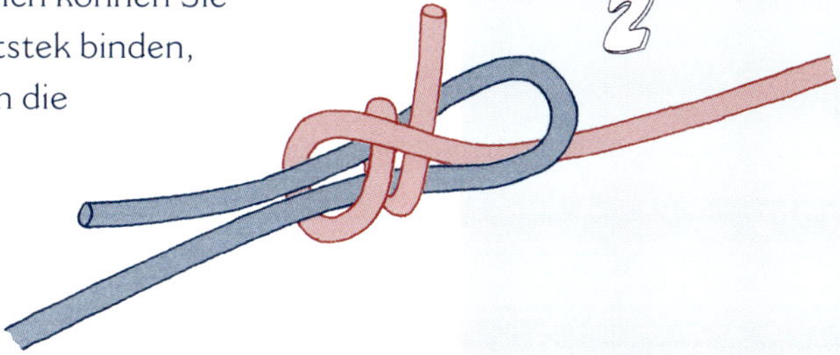

Wie der Schotstek zu seinem Namen kam

Der Schotstek hat seinen Namen erhalten, weil er dazu benutzt wird, die Schot an das Segel zu binden. Die Schot ist eine Leine, die an der unteren Ecke eines Segels befestigt wird. Mit Hilfe der Schot bringt man die Segel in die gewünschte Position.

Englischer Knoten

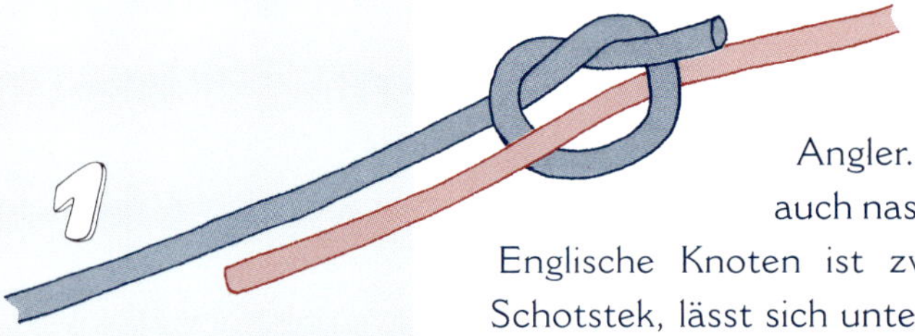

Den Englischen Knoten oder Fischerstek (Abb. 1–4) benutzen vor allem Angler. Mit diesem Knoten lassen sich auch nasse Schnüre gut verbinden. Der Englische Knoten ist zwar weniger elegant als der Schotstek, lässt sich unter schlechten Wetterbedingungen aber leichter knüpfen. Allerdings beweist er seine Qualitäten nur bis zu einer bestimmten Seildicke, die Sie am besten selbst testen sollten.

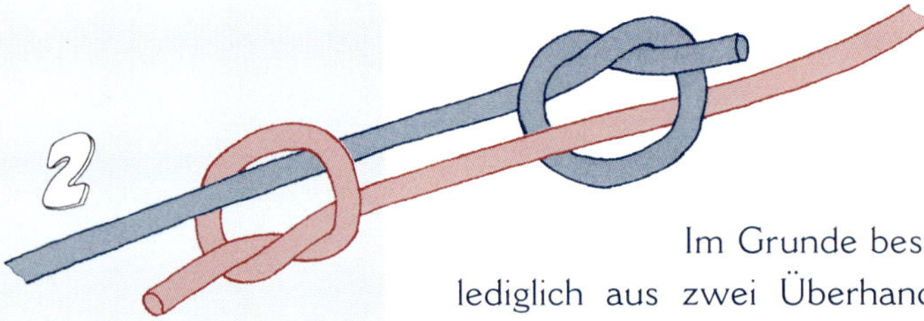

Im Grunde besteht der Englische Knoten lediglich aus zwei Überhandknoten: Stellen Sie also zuerst mit dem blauen Seil einen Überhandknoten her, ziehen ihn aber nicht zu. Dann stecken Sie das rote Seil durch diesen lockeren Überhandknoten und binden mit dem roten Seil um das blaue Seil einen zweiten Überhandknoten.

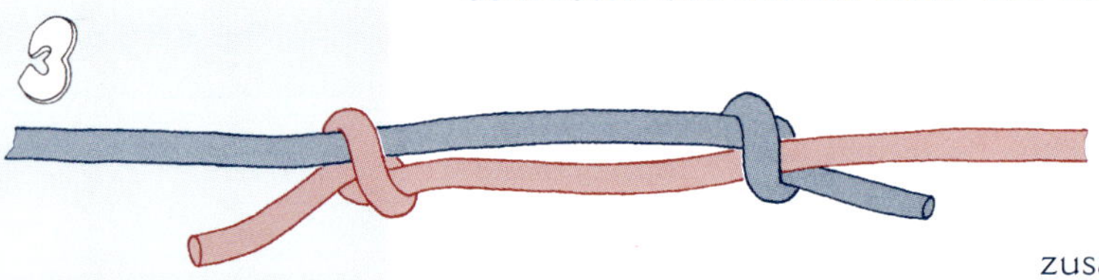

Zum Schluss schieben Sie die beiden Knoten zusammen und ziehen sie fest. Es entsteht ein solider Knoten, der den Anforderungen beim Angeln gewachsen, aber nicht ganz leicht zu lösen ist.

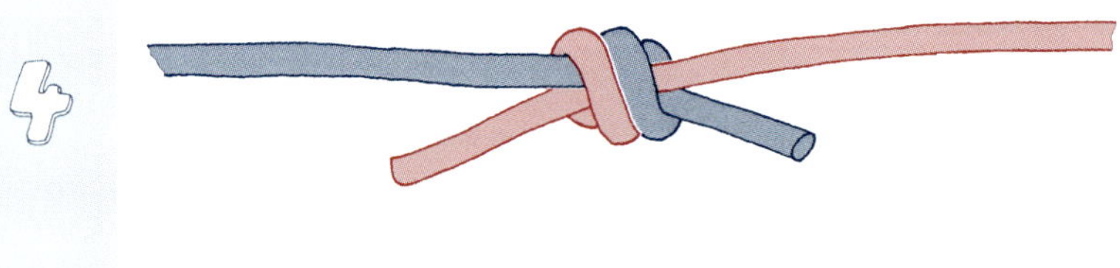

Schlaufen, nichts als Schlaufen

Seile an Gegenstände knoten

Es gibt sehr viele Gelegenheiten, bei denen man Schlaufen oder »Steks« – wie die Seeleute Schlaufen nennen – benutzt, um ein Seil irgendwo festzubinden. Mal knüpft man eine Schlaufe direkt um einen Baum, ein andermal knotet man sie in der Hand und wirft sie anschließend über Kühe oder Menschen – wenn man im Wilden Westen lebt.

Das Lasso der Cowboys ist sicher eine der bekanntesten Schlaufen. Es hat die besondere Eigenschaft, dass es sich sehr schnell und leicht zuzieht. Andere Schlaufen müssen wiederum so beschaffen sein, dass sie immer die gleiche Größe behalten. Soll zum Beispiel in den Bergen ein Verletzter aus einer schmalen Klamm geborgen werden, knüpft man eine Schlaufe, in die er sich hineinsetzen kann. Diese Schlaufe darf sich im Gegensatz zum Lasso auf gar keinen Fall zuziehen, weil man sonst den Verletzten zu sehr einschnürt, ihn womöglich sogar gefährdet. Außerdem gibt es Schlaufen, die sich zwar zuziehen lassen, aber nur, wenn sie nicht unter Zug stehen.
Die meisten Schlaufen haben Seeleute erfunden, denn Sie müssen an Bord eines Segelschiffes ständig Segel festbinden oder ihr Schiff an Pollern festzurren, damit es nicht plötzlich mit der Flut auf Nimmerwiedersehen verschwindet.

Einzelner Stek

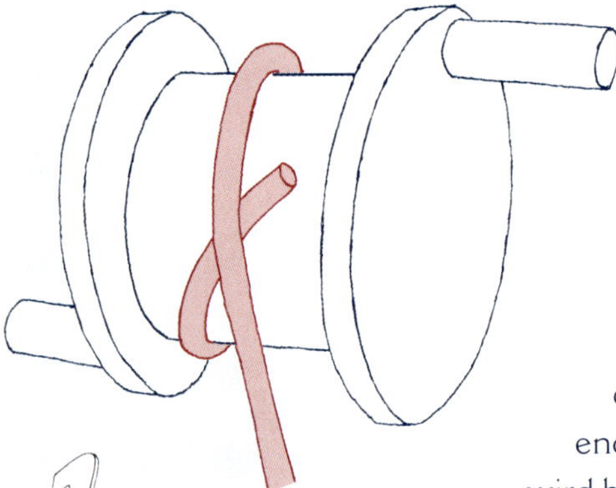

1

Der einfachste Stek ist der Einzelne Stek (Abb. 1). Im Alltag wird er, weil er so leicht zu binden ist, oft gar nicht als Knoten registriert. Man zieht nämlich das Seil einfach nur einmal um den Gegenstand, und klemmt das Seilende nach dieser einen Umrundung unter dem Seil fest. Dabei nimmt die Haltbarkeit des Einzelnen Steks zu, wenn ein Seilende oder beide Seilenden leicht belastet wird bzw. werden.

Denn durch den Zug scheuert das Seil am Kreuzungspunkt aneinander und findet so etwas Halt. Gut gebrauchen kann man den Einzelnen Stek immer dann, wenn etwas nur kurzfristig halten muss. Wollen Sie beispielsweise eine Drachenschnur aufwickeln, wird Ihnen der Einzelne Stek zum Befestigen der Schnur an der Rolle gute Dienste leisten.

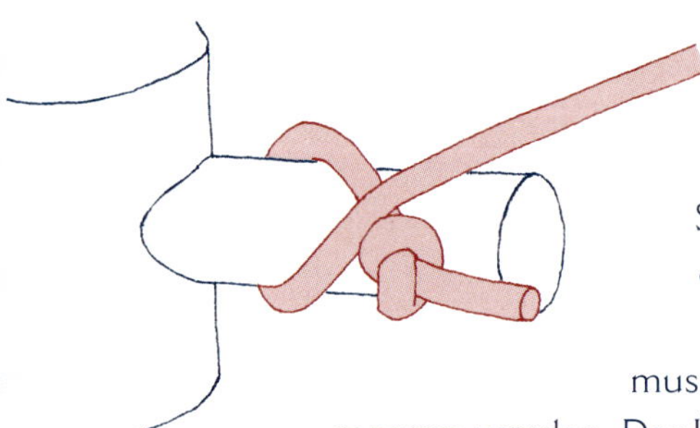

2

Wünschen Sie etwas mehr Sicherheit, so knoten Sie einen Überhandknoten in das Seilende und legen dann erst den Einfachen Stek z. B. um einen Ast (Abb. 2). Dann muss nur an dem freien Seilende gezogen werden. Der Überhandknoten dient als so genannter Stopperknoten und ersetzt damit den Zug am anderen Seilende.

Zimmermannsstek

Vor allem Zimmerleute benutzten früher den Zimmermannsstek (Abb. 1–3), um Lasten zu transportieren. Sie wanden ein Seil um gefällte Baumstämme oder Schnittholz und befestigten es mit einem Zimmermannsstek. Nun konnten sie das Material für ihren Dachstuhl zum Bauplatz schleifen und wenn nötig einige Meter hochziehen. Auf etwas gröberem Material wie unbehandeltem Holz hält dieser Stek recht gut. Außerdem zieht sich der Zimmermannsstek unter Belastung immer weiter zu, lässt sich jedoch leicht wieder lösen, wenn die Last abgesetzt wird.

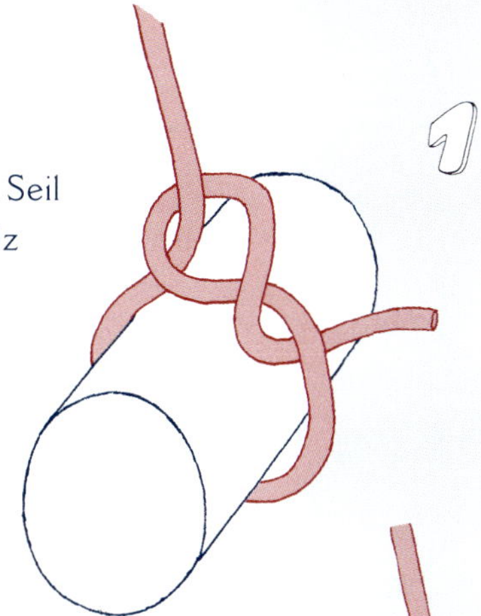

Zimmerleute banden diesen Stek folgendermaßen: Sie legten zuerst das Seil so um die Transportlast herum, dass das Ende lang genug war, um den Stek über der Last zu knüpfen. Darauf nahmen sie das lose Ende und schlangen es hinten um das andere Seilstück herum, überquerten dann wieder das lose Ende, um sofort erneut unter dem Seil herzufahren. Darauf wanden Sie das Seilende noch zweimal um das Seil.

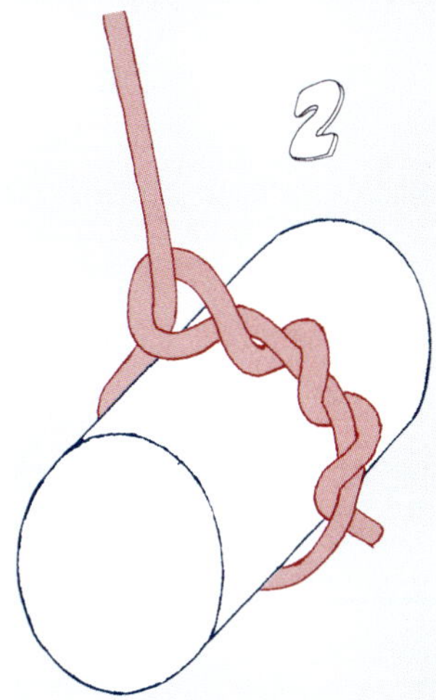

Auch heute noch leistet der Zimmermannsstek gute Dienste, wenn man im Garten eine Hütte bauen will oder Holz zum Renovieren heranschaffen muss und keine Schubkarre zur Hand hat.

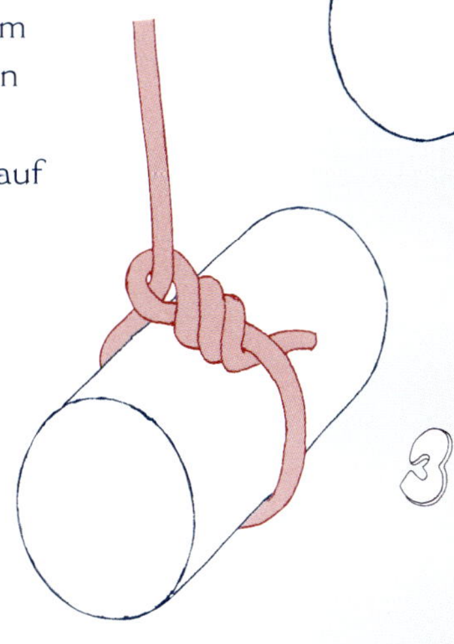

Palstek

»Sogar der Teufel wäre ein guter Seemann, wenn er nur den Palstek binden und zum Himmel gucken könnte«. Diese Seemannsweisheit verrät schon, welch hohen Stellenwert der Palstek (Abb. 1–3) genießt. Er ist nichts anderes als eine Schlaufe, die sich nicht zuzieht und dabei große Sicherheit verspricht. Der Palstek wird nicht nur beim Anlegen über Poller geworfen, sondern auch als Behelfssitz benutzt. So kann sich ein Matrose in solch eine Schlaufe setzen, an der Außenbordwand abgeseilt werden und mitten auf See provisorische Reparaturen durchführen. Und so mancher leichtsinnige Bergsteiger hat sich schon gefreut, als ihm die Bergwacht endlich

Palstek – leicht gebunden

Spätnachts taumelt ein Seemann ziemlich betrunken aus einer Kneipe. Er bleibt kurz stehen, läuft auf den Baum zu, der vor der Kneipe steht, guckt ihn groß an, läuft um den Baum herum und verschwindet wieder in der Kneipe, um weiter zu trinken.
In dieser kleinen Szene nimmt der betrunkene Seemann genau den Weg, den auch das Seil beim Binden des Palsteks beschreiben muss. Sie führen das Seilende von hinten durch das Auge – der Seemann tritt aus der Kneipe. Dann legen Sie das Seil um den Strick herum – der Seemann umrundet den Baum. Zum Schluss stecken Sie das Seil von oben durch das Auge – der Seemann betritt wieder die Kneipe.
Und die Eselsbrücke:
Raus aus der Kneipe, um den Baum herum und wieder in die Kneipe hinein!

eine Schlaufe in die Felsspalte hinabgeworfen hatte, in der er sitzend hochgezogen werden konnte.

Diesen König der Steke knotet man folgendermaßen: Zuerst bildet man ein Auge, wobei das lose Seilende den Strick überquert. Dann legt man mit dem losen Ende eine Bucht, die später die eigentliche Schlaufe bildet. Weiter führt man das Seil von hinten durch das Auge, dann hinten um den Strick herum und wieder von oben durch das Auge – und nur noch festziehen.

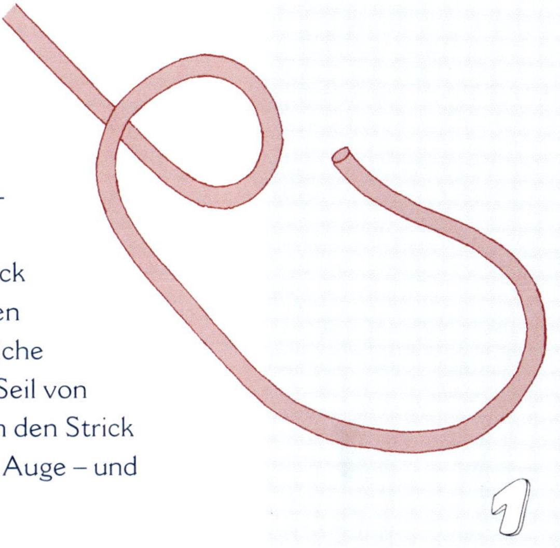

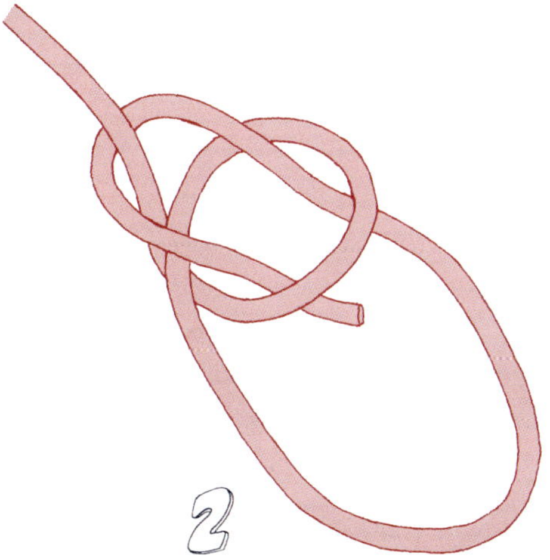

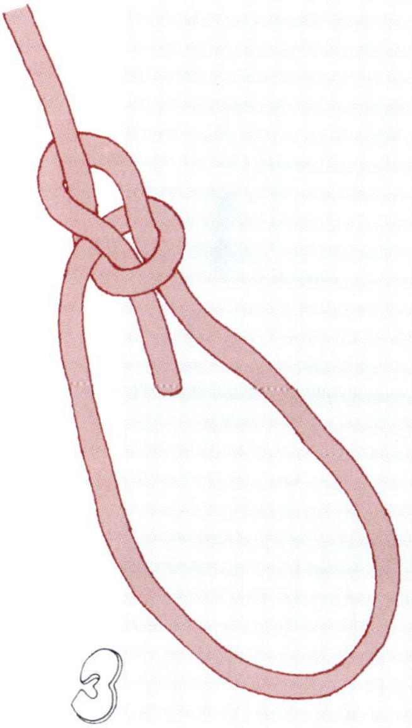

Webeleinenstek

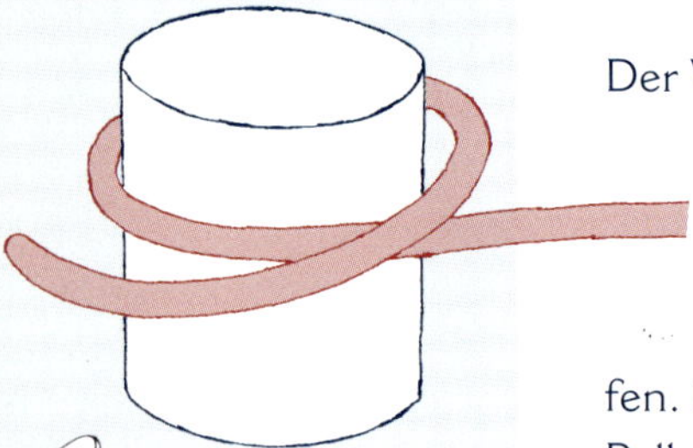

1

Der Webeleinenstek (Abb. 1–4) ist jedem Segler geläufig. Besonders um kleinere Boote an Pollern festzumachen, wird er gerne eingesetzt. Dabei kann man ihn um den Poller herumwinden oder vorher in der Hand fertigstellen und dann über den Poller werfen. Im ersten Fall (Abb. 1–3) legen Sie ein Auge um den Poller, wobei das Seilende das Seil überquert. Dann legen Sie unter das erste Auge ein weiteres, bei dem das Ende unter dem Seil verläuft und stecken das Seilende zwischen den beiden Augen hindurch.

2

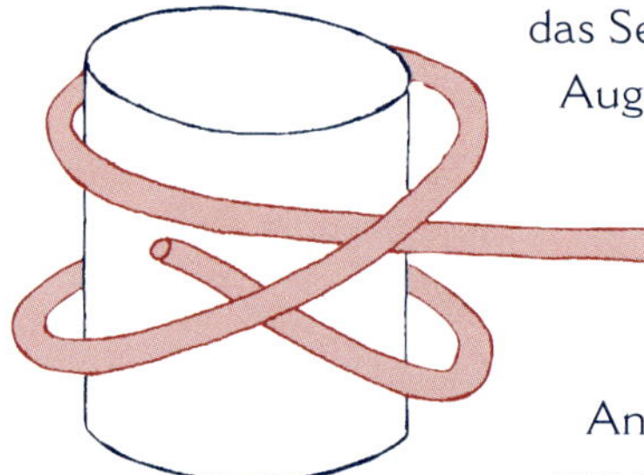

Wenn Sie den Webeleinenstek in der Hand binden, legen Sie am Anfang am besten zwei Augen vor sich auf den Boden (Abb. 4). Dabei müssen Sie darauf achten, dass das lose Seilende beim ersten Auge unter und beim zweiten Auge über dem Seil herläuft. Das linke Auge muss nach oben, das rechte nach unten weisen. Dann klappen Sie die beiden Augen nach oben zusammen und der Webeleinenstek ist fertig. Da dieser Stek dazu neigt sich zu lösen, wird er oft noch durch einen Halben Schlag gesichert.

3

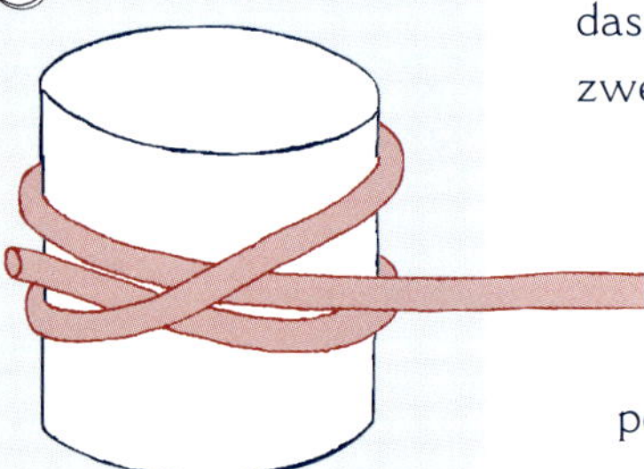

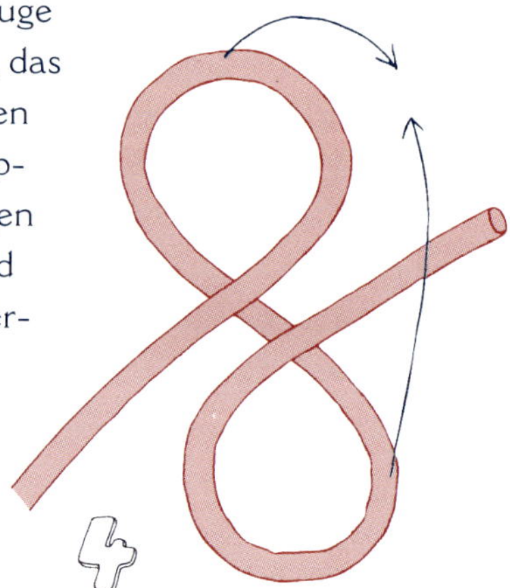

4

Muringstek

Der Muringstek (Abb. 1, 2) ist einer der zuverlässigsten und am schnellsten zu bindenden Pfostensteke. Er eignet sich besonders gut, um ein Boot sicher an einem Poller im Hafen festzumachen. Auch Freizeitkapitäne können sich mit diesem Knoten sicher sein, dass ihre Jolle auch am nächsten Morgen noch fest verzurrt »vor Anker« liegt.

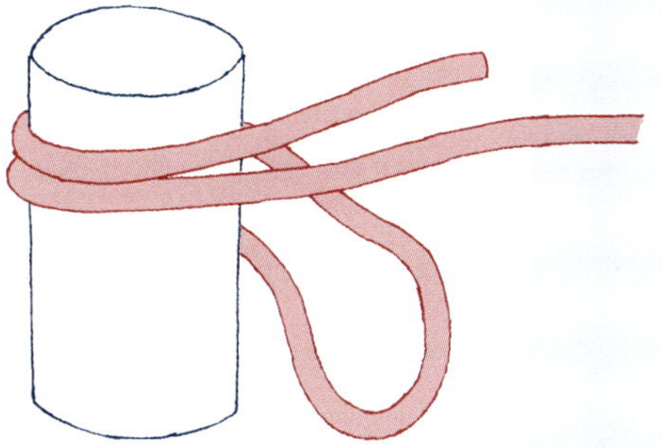

1

Dazu führt man zuerst eine Schlaufe als doppeltes Seil einmal ganz um den Poller herum, wobei die Schlaufenspitze unterhalb der Ausgangsstelle liegen muss. Darauf zieht man die Schlaufenspitze hoch und wirft sie über den Poller.

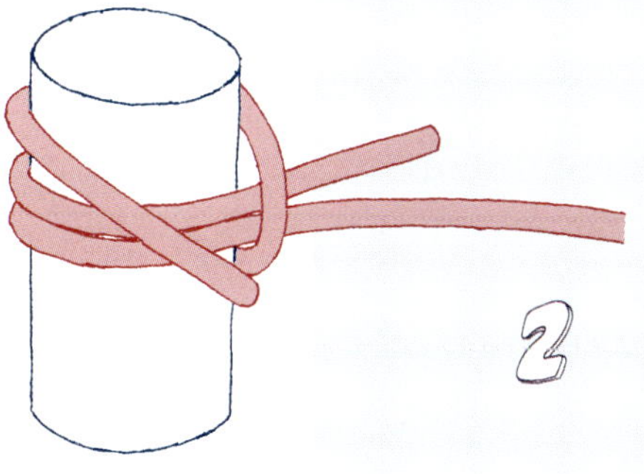

2

Der Muringstek lässt sich leicht auch in dickeres Tauwerk binden. Wenn man weiß wie, kann man diesen Stek einfach wieder lösen: Sie ziehen die linke Bucht mit einem Ruck vom Poller weg, und der Stek verliert seine Festigkeit. Da der Muringstek auch bei Belastung nicht an einer Stange herunterrutscht, eignet er sich sehr gut, um etwa auf dem Campingplatz eine Wäscheleine zu spannen oder um am Strand oder im Garten ein provisorisches Volleyball- oder Tennisnetz zu errichten.

Kuhstek

Der Kuhstek (Abb. 1–4) ist auch unter den Namen Jungferstek oder Taljereepstek bekannt. Obwohl der Kuhstek auf See sehr häufig benutzt wird und unter diesem Namen auch unter Seglern bekannt ist, zählt er zu den ganz wenigen Knoten, die eigentlich vom Festland stammen und von echten »Landratten« erfunden wurden.

1

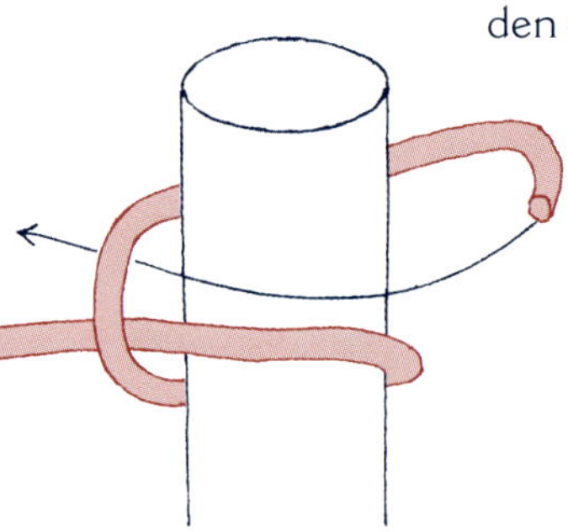

Ursprünglich wurde der Kuhstek von den Bauern benutzt, um Kühe, Ziegen oder Hunde anzupflocken. Gegenüber dem Webeleinenstek, zu dessen engsten Verwandten er gehört, hat er den Vorteil, dass er sich leichter lösen lässt und etwas sicherer ist.

Leint man beispielsweise eine Kuh mit einem Webeleinenstek an einer Stange fest, besteht die Gefahr, dass sie sich selbst befreit. Denn der Webeleinenstek neigt dazu sich zu lösen, wenn stets aus der gleichen Richtung Zug ausgeübt wird.

2

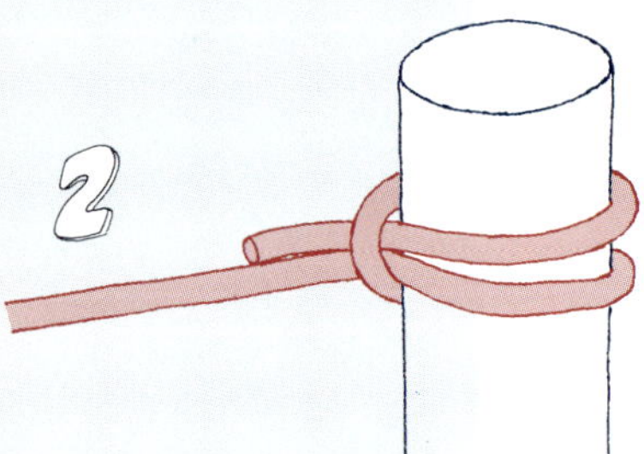

Läuft nun eine Kuh, von lästigen Fliegen getrieben, immer in einer Richtung um den Pfahl herum, wird sie sich auf jeden Fall irgendwann befreien. Vielleicht ist so der Kuhstek erfunden worden: Ein Bauer veränderte den aus der Seefahrt bekannten Webeleinenstek und machte ihn für seine Zwecke tauglich.

Den Kuhstek kann man mit einem Seilende direkt z. B. an eine Stange binden oder mitten ins Seil knoten und dann erst über einen Gegenstand werfen.

Wenn man ihn mit dem Seilende knüpft (Abb. 1, 2), legt man dieses zuerst einmal um die Stange, sodass das Seilende unter dem übrigen Seil herführt. Dann schlingt man das Seilende von unten um das Seil und fährt in der entgegengesetzten Richtung um die Stange. Zum Schluss steckt man das Seilende unter der entstandenen Bucht fest.

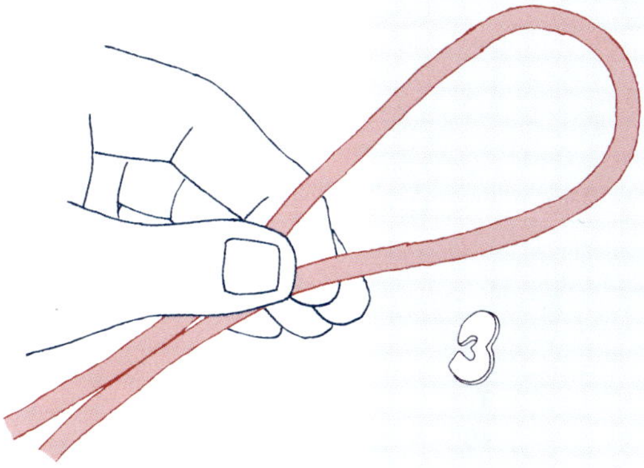

Legen Sie den Kuhstek mitten im Seil (Abb. 3, 4), so bilden Sie zwischen Zeigefinger und Daumen ein großes Auge und schlagen es nach hinten weg zu Ihren Fingerspitzen hin, sodass zwei neue, kleinere Augen entstehen.

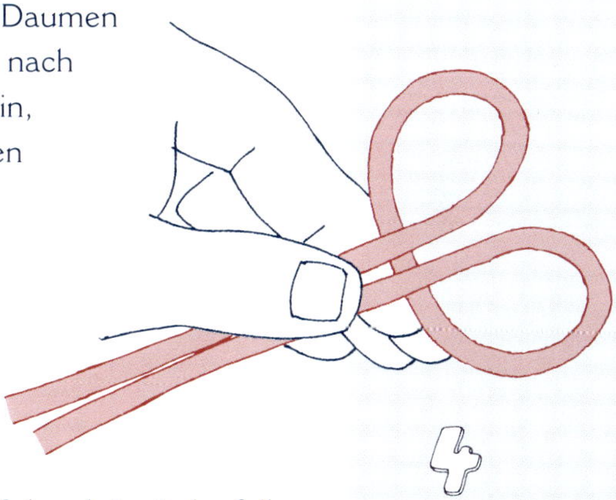

Diese beide Augen klappen sie nach vorne aufeinander. Der so entstandene Kuhstek eignet sich auch sehr gut, um etwa Hunde anzuleinen, die vor dem Supermarkt warten müssen. Der Kuhstek ist jedenfalls eine sichere, leicht anzuwendende und außerdem äußerst günstige »Weglaufsperre« für Ihren Vierbeiner.

Nutzen Sie einfach auch als Städter die Vorteile, die der ländliche Kuhstek bietet.

Gesteckter Achter

Der Gesteckte Achter (Abb. 1–5) ist eine Variante des Achtknotens, die vor allem Kletterer gerne benutzen. Der Gesteckte Achter stellt eine Schlaufe dar, mit der sie ihr Seil am Anseilgurt befestigen. Bei Stürzen ist es lebenswichtig, dass der Gesteckte Achter hält. Deshalb muss dieser Knoten vor allem sicher sein. Sie können ihn also immer dann benutzen, wenn Sie etwas besonders fest anbinden wollen. Bei aller Sicherheit bleibt aber auch hier oberstes Gebot: erst prüfen, dann nutzen.

Zuerst binden Sie also einen normalen Achtknoten, ziehen ihn aber nicht zu und achten darauf, dass das Seilende recht lang bleibt.

Dann bilden Sie mit dem Seilende die Schlaufe. Deren Größe müssen Sie schon jetzt festlegen, da sich der Gesteckte Achter nicht auf- oder zuziehen lässt.

1

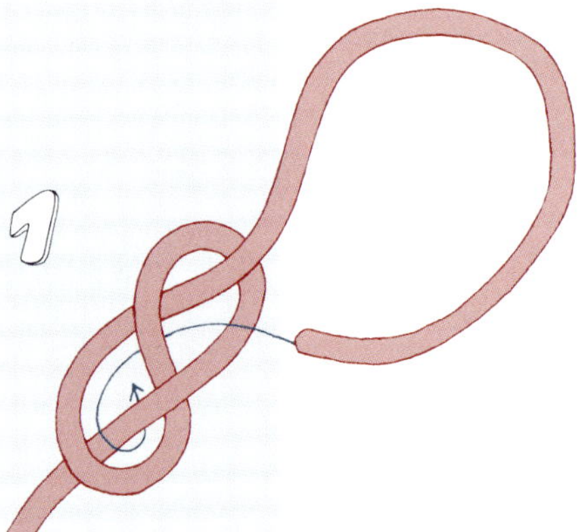

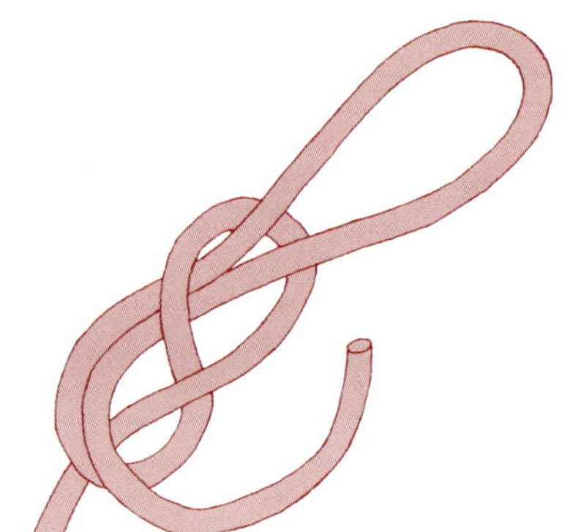

2

3

Dann ziehen Sie das Seilende wieder in den Knoten zurück und fahren jetzt immer genau am Seil entlang, bis Sie wieder am Anfang des Achtknotens herauskommen. Zum Schluss einfach zuziehen.

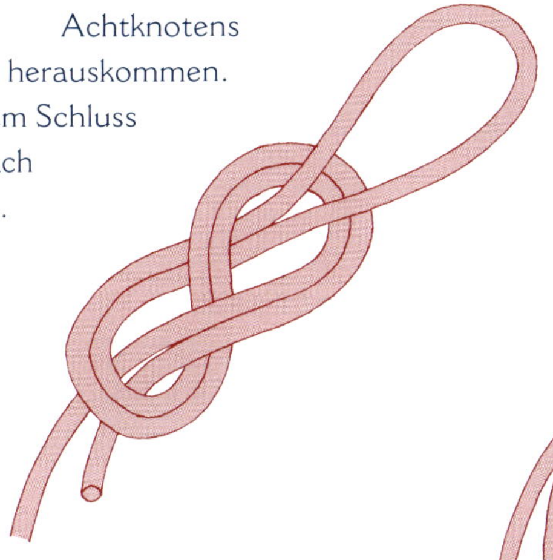

4

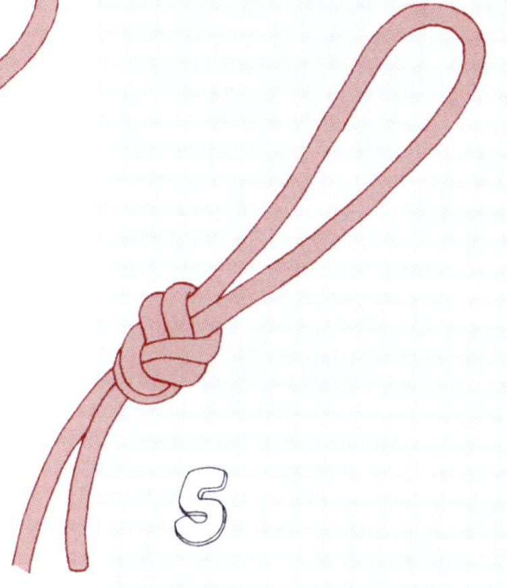

5

Zur Erinnerung: Der Achtknoten

Um einen Achtknoten zu binden, legt man ein Auge, wobei das lose Ende unter dem Seil liegt. Dann führt man das Seilende über dem Seil her und anschließend von unten durch das Auge.
Wenn man den Knoten zuzieht, erhält er die Form der arabischen Ziffer Acht, was ihm seinen Namen gegeben hat. Er dient vor allem als einfacher Stopperknoten, der das Ausrauschen (Herausrutschen) eines Seilendes aus einer Öffnung verhindert.

Stroppstek

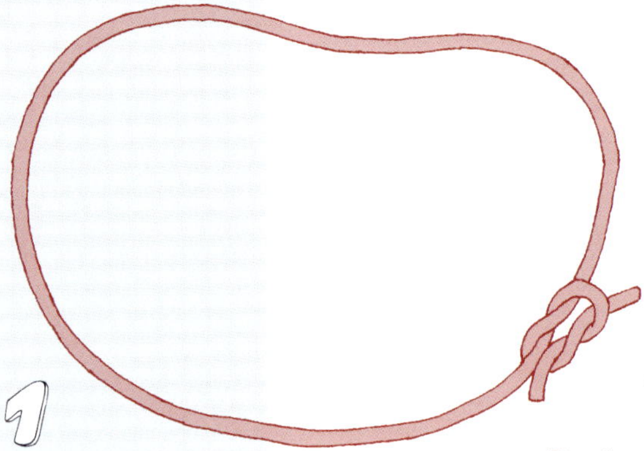

Der Stroppstek (Abb. 2) oder Ballenschlingenstek wird meistens benutzt, um Lasten zu transportieren. Damit Sie diesen Stek binden können, müssen Sie zuerst einen so genannten Stropp herstellen. Unter einem Stropp versteht man einfach nur einen Ring, der aus einem Seil besteht.

Sie knoten also als erstes ein Seil zu einem Ring, am besten mit Hilfe eines Kreuzknotens (Abb. 1). Diesen Stropp legen Sie zusammen, sodass ein dickes Seil entsteht, das Sie um den Gegenstand legen, den Sie transportieren wollen. Dabei muss der Stropp so lang sein, dass er ganz um die Last herumreicht. Die beiden Buchten, die nun entstanden sind, stecken Sie ineinander. Die eine Bucht zieht sich zu, die andere wird zu einem Griff.

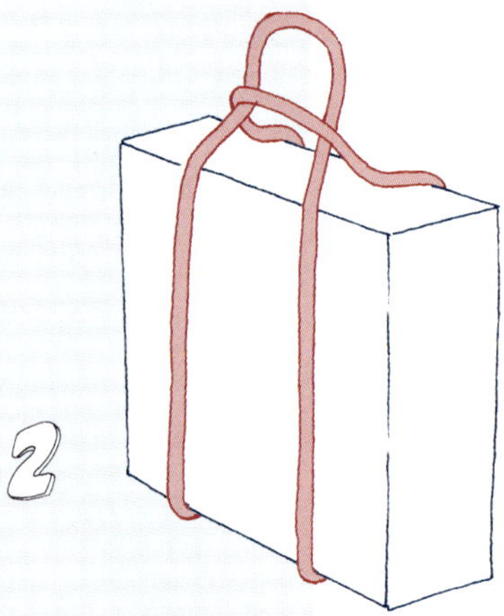

In diesen Griff können Sie beispielsweise den Haken eines Krans oder eines Flaschenzuges einhängen. Natürlich können Sie den Griff auch direkt zum Tragen benutzen. Auf diese Weise kann man nämlich bequem ein Paket oder ein kleines Bierfass tragen.

Kletterern ist der Stroppstek unter dem Namen Ankerstick bekannt. Sie legen diesen Knoten beispielsweise um einen Baum, um ihren Stand im Fels zu sichern.

Kadettenstek

Der Kadettenstek oder Midshipman's-Stek (Abb. 1–3) stellt eine Schlaufe dar, deren Größe man je nach Bedarf variieren kann, die sich aber, wenn man Sie vorher etwas zurecht zieht, unter Zug nicht verändert. Sie verbindet die Vorteile des Einfachen Laufknotens mit denen des Palsteks, ohne allerdings die gleiche Sicherheit zu bieten. Oft muss der Kadettenstek nach dem Knoten auch nochmals in Form gebracht werden.

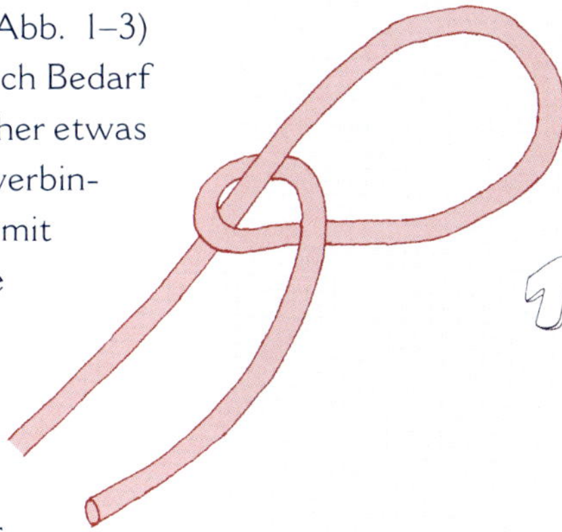

1

Letztlich ist er aber ein praktischer Knoten, der insbesondere bei Seglern geschätzt ist. Sie setzen mit diesem Stek das Toppsegel (Segel am oberen Teil des Mastes) und nennen ihn Toppsegelschotstek, obwohl er nichts mit einem Schotstek zu tun hat.

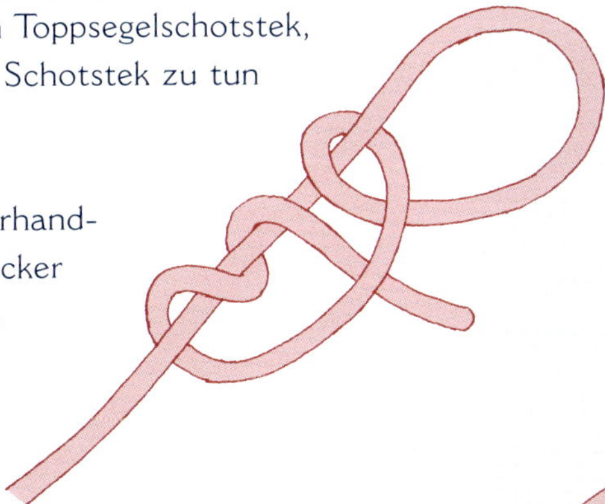

2

Zuerst bindet man eine Überhandknoten, den man aber sehr locker lässt. Darauf zieht man das Seilende zum anderen, gegenüberliegenden Seilstück, sodass man statt des Überhandknotens jetzt eine Schlaufe vor sich hat. Darauf fährt man mit dem losen Seilende wieder unter dem Seil her und windet es in Richtung auf die Schlaufe zweimal um das Seil herum. Zum Schluss steckt man das Seilende unter dem Seilstück fest, das direkt aus der Schlaufe kommt.

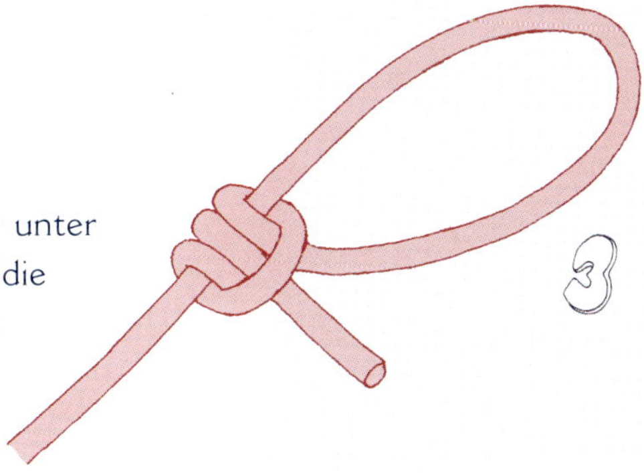

3

Artilleriestek

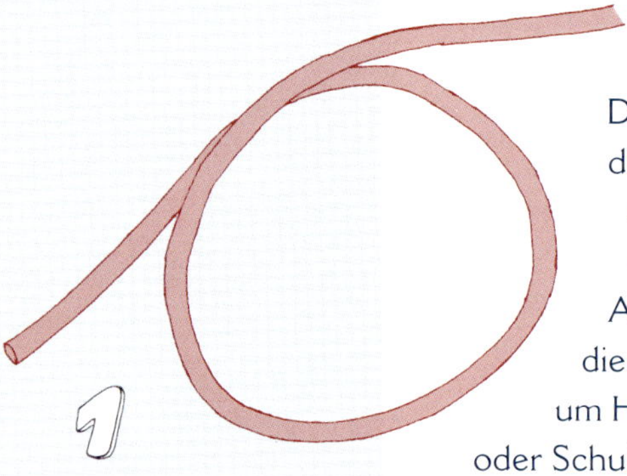

Der Artilleriestek (Abb. 1–4) oder Geschirrknoten bildet eine feste Schlaufe. Dieser Stek gehört zu den wenigen Knoten, die nicht auf See erfunden worden sind und auch bis heute von Seglern nicht benutzt werden. Vielmehr legten sich Soldaten der Artillerie früher diese Schlaufe um Hand oder Schulter, um schwere Kanonen in Stellung zu ziehen oder den Pferden beim Vorwärtskommen in morastigem Boden zu helfen.

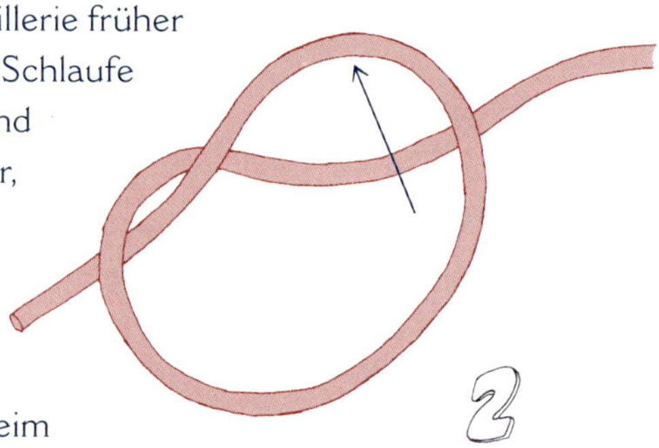

Man bindet diese Schlaufe, indem man ein nicht zu kleines Auge legt, wobei das Seilende unter dem übrigen Seil liegt. Dann zieht man die rechte Seite des Auges ein Stück über das Seil. Anschließend zieht man die linke Seite des Auges von hinten zwischen dem Seil und der rechten Seite des Auges her. Meist muss der Knoten erst in Form gebracht werden. Dann hält er aber gut und sehr sicher.

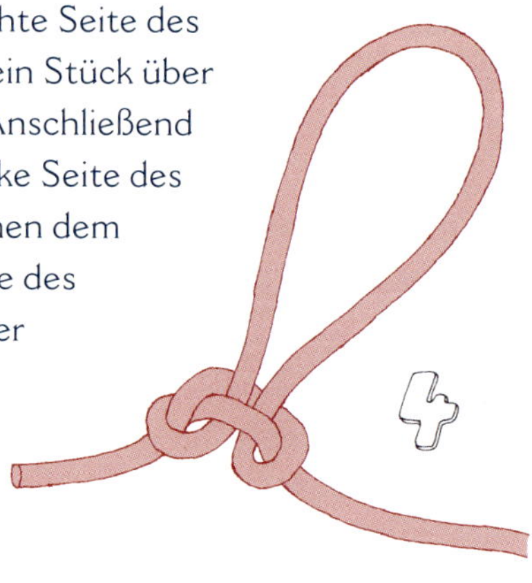

Dicksein ist schön!

Seile mit Knoten verdicken

Alljährlich im Frühjahr grassiert der Diäten-Wahn. Es steht die Zeit der kurzen Röcke, Badehosen und Bikinis vor der Tür. Jeder will möglichst gut aussehen und etwas für seine Figur tun. Deshalb müssen überflüssige Pfunde heruntergehungert werden. Wer dann einem Bekannten sagt, er sei aber ganz schön dick geworden, riskiert ein paar unfreundliche Worte. Für Menschen ist der Ausruf: »Mann, bist du dick!« eine Beleidigung, für bestimmte Knoten dagegen ein großes Kompliment.

Knoten, für die Dicksein Pflicht ist, nennt man Verdickungsknoten. Sie sollen vor allem verhindern, dass ein Seil oder eine Leine aus einer Öse, einem Ring oder sonst irgendeiner Öffnung herausrutscht bzw. ausrauscht, wie Segler sagen. Diesen Zweck erfüllen Verdickungsknoten natürlich am besten, wenn sie sehr dick sind. Die Elefanten unter den Knoten benutzt man deswegen auch, um Seilenden möglichst schwer zu machen. Denn erst dann kann man sich beispielsweise Schiffsleinen beim Anlegen gut zuwerfen.

Unter den Verdickungsknoten gibt es aber auch zierlichere Exemplare. Hier ist es anders als bei den Menschen: Dicke Knoten werden wegen ihrer Schönheit gerühmt. Oft knüpft man Verdickungsknoten in Fäden und dünne Stricke, an denen wertvolle Gegenstände baumeln. Die alte Taschenuhr gewinnt an Reiz, wenn sie an einer Schur hängt, die mit Verdickungsknoten verziert ist.

Mehrfacher Überhandknoten

Einen ganz einfachen Stopperknoten erhält man, wenn man den Überhandknoten verdoppelt verdreifacht oder noch weiter vervielfacht (Abb. 1–3).

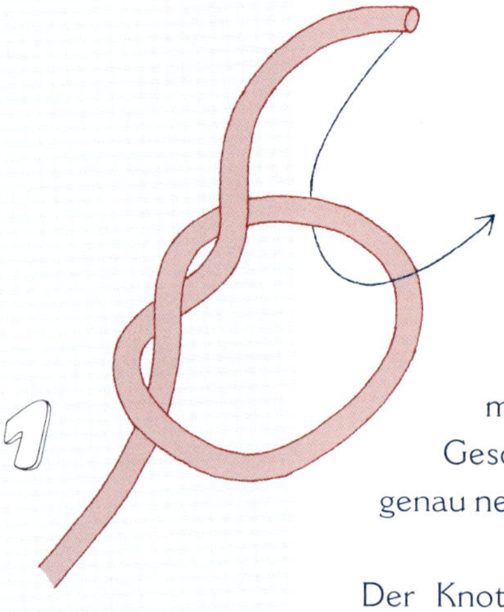

Dabei knüpft man jedoch nicht, wie das so oft geschieht, Überhandknoten neben Überhandknoten.

Denn auf diese Weise kann man zwar auch einen dicken Knoten herstellen, aber es ist sehr mühsam und erfordert viel Geduld und einiges Geschick, die einzelnen Überhandknoten wirklich genau nebeneinander zu knoten.

Der Knotenanfänger knüpft die verschiedenen Überhandknoten meist so weit auseinander, dass kein Verdickungseffekt eintritt. Deshalb knüpft man den doppelten oder vielfachen Überhandknoten am besten folgendermaßen:

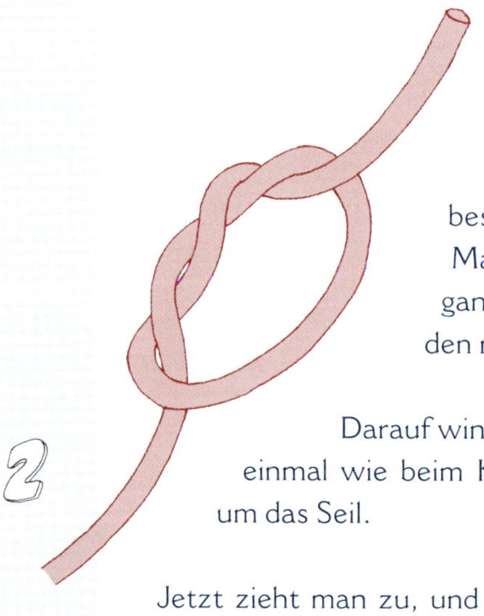

Man legt in das Seilende einen ganz normalen Überhandknoten, den man nicht zuzieht.

Darauf windet man das lose Seilende noch einmal wie beim Knüpfen des Überhandknotens um das Seil.

Jetzt zieht man zu, und der doppelte Überhandknoten ist fertig.

Wenn das Seilende dreimal um das Seil geführt wird, entsteht der dreifache Überhandknoten.
Man kann so viele Windungen um das Seil legen wie man möchte. Legt man jedoch mehr als drei Windungen, muss man den Knoten beim Zuziehen in Form bringen.

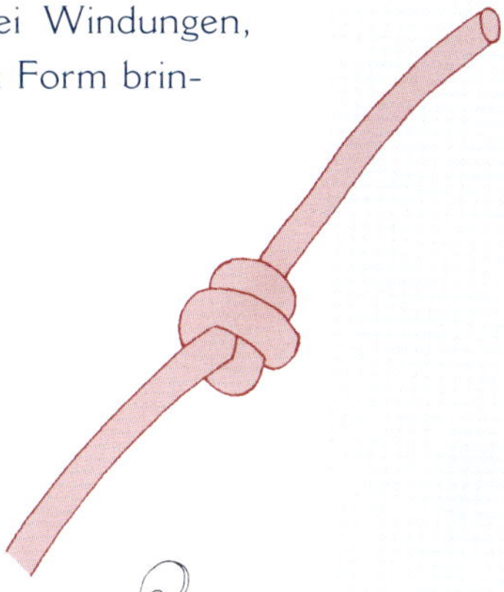

3

Die Nachteile des Überhandknotens verschwinden bei einer Verdopplung oder Verdreifachung nicht. Auch als Stopperknoten bekneift sich der Überhandknoten sehr stark. Um aber z. B. das Ausrauschen, also Herausrutschen des Nähfadens aus dem Nadelöhr zu verhindern, eignet sich der Mehrfache Überhandknoten sehr gut.

Was ist ein Blutknoten?

Früher gab es den Beruf des Auspeitschers. Der Auspeitscher war dafür zuständig, die vom Gericht verhängte Auspeitschung mit aller Härte auszuführen. Es gehörte also zu den beruflichen Aufgaben des Auspeitschers, sich zu überlegen, wie man die Peitschenstrafe für den Täter noch schmerzhafter gestalten könne. Irgend jemand verfiel auf den Gedanken, Knoten in die Peitschenenden zu knüpfen. Sicher hat man dabei die verschiedensten Knoten ausprobiert. Vielleicht stellte sich der Mehrfache Überhandknoten deshalb als besonders geeignet heraus, da er recht schwer und dick ist. Jedenfalls wird der Mehrfache Überhandknoten bis heute noch oft auch als Blutknoten bezeichnet.

Doppelter Achtknoten

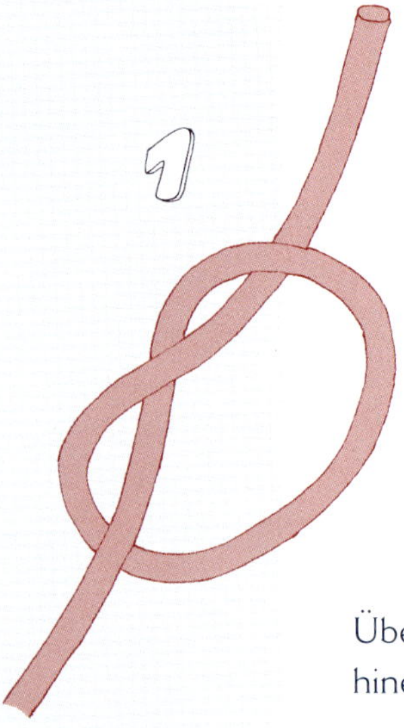

Der Doppelte Achtknoten (Abb. 1–4) wird besonders von Seglern als Stopperknoten geschätzt. Dieser Knoten reißt auch unter starker Belastung fast nie und lässt sich darüber hinaus wieder leicht lösen. Außerdem ist er wesentlich dicker als der Mehrfache Überhandknoten und eignet sich daher besonders gut, um ein Ausrauschen zu verhindern.

Den Doppelten Achtknoten knüpft man, indem man zuerst einen einfachen Überhandknoten bindet, ihn aber nicht zuzieht.
Nun ziehen Sie das Seilende um die Bucht des Überhandknotens und daraufhin wieder in den Knoten hinein.

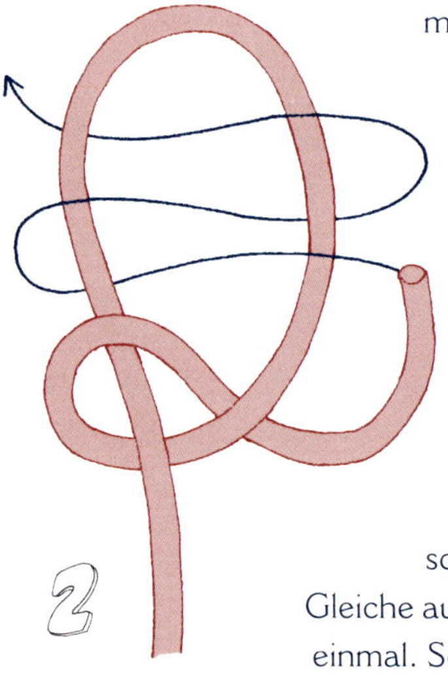

In diesem Stadium erkennt man die Form einer Acht, die man jedoch nicht zu Ende bindet.

Vielmehr legt man das Ende erst unter und dann wieder über die linke Seite des ursprünglichen Überhandknotens. Anschließend macht man das Gleiche auf der rechten Seite noch einmal. Schließlich steckt man das Seilende auf der linken Seite unten fest.

Wenn man die dekorative Form dieses Knotens erhalten will, muss man beim Zuziehen etwas vorsichtig sein.

Mit etwas Übung kann man aber die Form des Doppelten Achtknotens nutzen, um beispielsweise einen schönen Gürtel knüpfen. Wenn Sie in ein dickeres Samtband immer im gleichen Abstand hintereinander mehrere Doppelte Achtknoten binden, müssen Sie zum Schluss nur noch an das Bandende eine Schnalle nähen und Ihr Gürtel ist fertig.

3

Der Knoten eignet sich auch gut, um Griffe in ein Seil zu knüpfen. Beim Tauziehen auf einem Kindergeburtstag macht den Kindern der Wettkampf noch einmal so viel Spaß, wenn sie nicht ständig abrutschen, sondern sich am Doppelten Achter festhalten können.
Auch den Doppelten Achtknoten kann man – wie den Überhandknoten – zu einem Mehrfachen Achtknoten erweitern. Dazu führt man das Seil einfach in der gleichen Bewegung wie beim Doppelten Achtknoten weiter über und unter dem Überhandknoten her. Nach einigen Windungen wird es jedoch recht schwierig den Mehrfachen Achtknoten sauber zuzuziehen. Deshalb ist es sicher nicht sinnvoll einen dickeren Knoten als einen vierfachen oder vielleicht noch fünffachen Achtknoten zu binden.

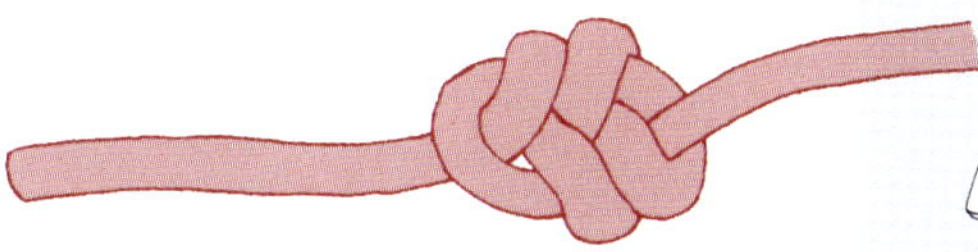

4

Schauermannsknoten

Der Schauermannsknoten dient in der Regel dazu, das Ausrauschen aus einem Block zu verhindern – wie man in der Segler-Sprache sagt.

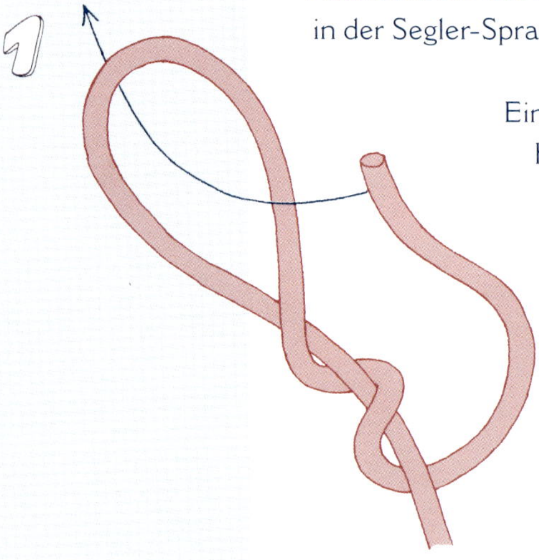

Ein Block ist ein kleines Gehäuse, das aus Holz, Metall oder Kunststoff bestehen kann. Im Block befinden sich Rollen, über die ein Seil führt. Solch ein Block wird z. B. an einen Haken gehängt und dazu benutzt, die Zugrichtung zu verändern.

Dieses Prinzip finden Sie bei jedem Flaschenzug. Der Schauermannsknoten (Abb. 1–3) ist einer der interessantesten Verdickungsknoten, da er nur in dieser Funktion vorkommt. Im Gegensatz zum Mehrfachen Überhandknoten oder zum Doppelten Achtknoten lässt er sich auch nicht beliebig vervielfachen und damit weiter verdicken. Dies zeigt, dass er nur für eine ganz bestimmte Aufgabe erfunden wurde.

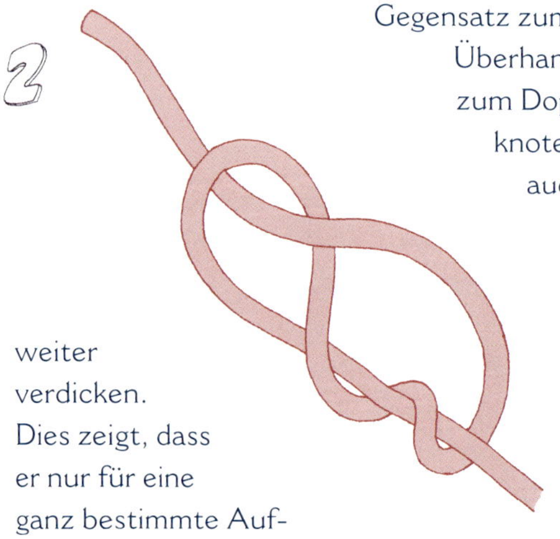

Sie binden diesen Knoten am besten, indem Sie zwischen Zeigefinger und Daumen eine Schlaufe bilden und dann das Seilende zweimal um das Seil winden.
Zum Schluss fahren Sie mit dem Seilende durch die Schlaufe.

Bevor Sie diesen Knoten beim Betreiben eines Flaschenzuges nutzen, sollten Sie ihn auf jeden Fall ein paar Mal binden und seine Sicherheit testen. Benutzen Sie bei diesen Tests das gleiche Material wie im Ernstfall, denn das Material kann die Sicherheit des Knotens eventuell beeinflussen.

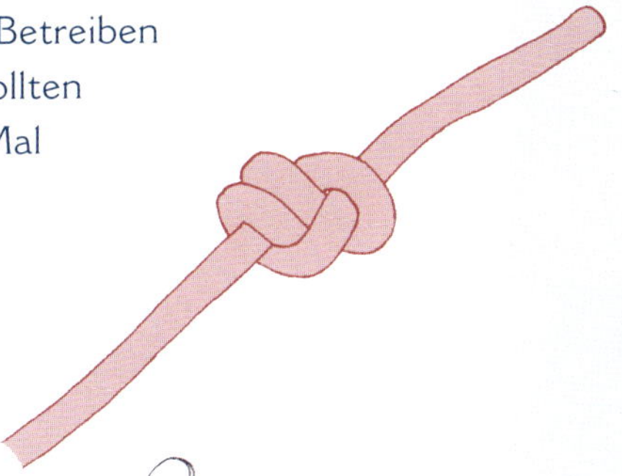

3

Was ist eigentlich ein Schauermann?

Der Schauermann jagt Ihnen keinen Schauer über den Rücken und verhindert auch keinesfalls einen Regenschauer. Ein Schauermann ist vielmehr ein Hafenarbeiter, der die Fracht vom oder zum Schiff transportiert. Was heute mit elektrisch betriebenen Kränen und Laufbändern erledigt wird, musste früher mit Flaschenzügen und reiner Muskelkraft erledigt werden. Schon vor hunderten von Jahren haben die Schauerleute ihren Schauermannsknoten benutzt, um die Seile im Block eines Flaschenzugs zu sichern. Dass ein Schauermann schwere Arbeit verrichtet, sagt schon sein Name: Schauer kommt in diesem Fall vom niederländischen »sjouwen«, was soviel wie »hart arbeiten« bedeutet.

Doppelter Drei-Schichten-Knoten

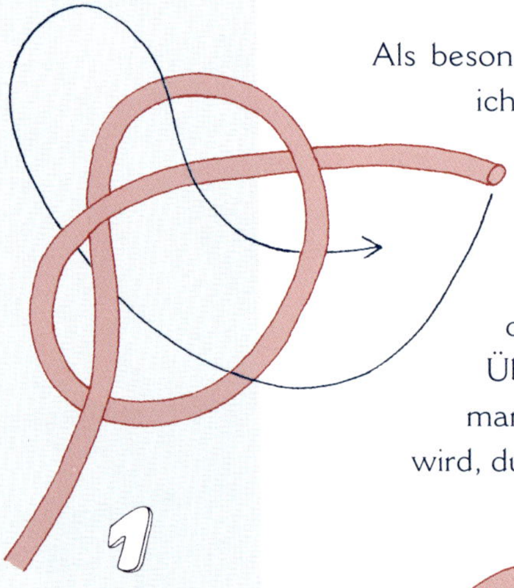

Als besonders schönen Verdickungsknoten möchte ich einen Doppelten Drei-Schichten-Knoten (Abb. 1–3) vorstellen, der nur scheinbar kompliziert zu knüpfen ist. Zuerst knotet man einen normalen Überhandknoten, wobei man darauf achten muss, dass das Seilende unter dem Seil aus dem Überhandknoten heraustritt. Darauf führt man das Seil, wie es in der Zeichnung gezeigt wird, durch den Überhandknoten.

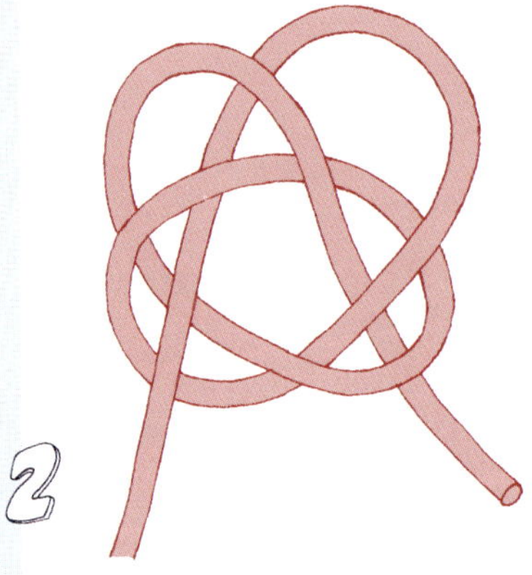

Prüfen Sie, ob Ihr Muster tatsächlich mit der Zeichnung übereinstimmt. Erst nach einer Prüfung sollten Sie den Knoten zuziehen. Meist muss dieser Knoten noch etwas nachgearbeitet werden, bis er die richtige Form erhält.

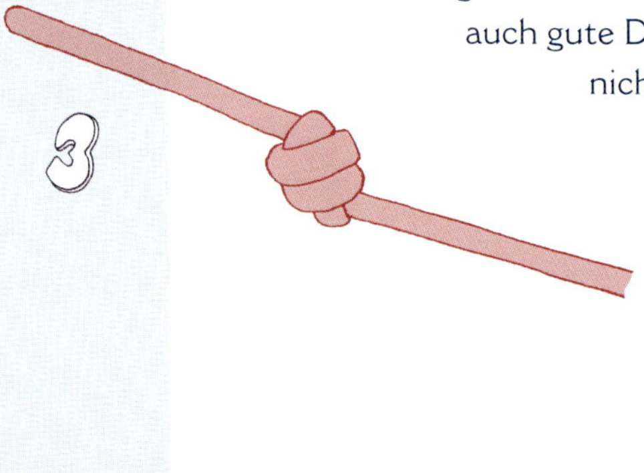

Der Drei-Schichten-Knoten gehört fast schon zu den dekorativen Knoten. Als Verdickungsknoten in einer Wurfleine leistet er aber auch gute Dienste. Wenn Sie den Knoten nicht zuziehen, in Geschenkband knüpfen und zudem etwas fixieren, macht er sich auf einer Geschenkverpackung sehr gut.

Taljereepsknoten mit Acht

Unter der Talje verstehen Segler eine Art Flaschenzug, und Reep bedeutet auf niederdeutsch Seil. Ein Taljereepsknoten macht es unmöglich, dass das Seil aus dem Flaschenzug herausrutscht. Es gibt eine ganze Reihe solcher Taljereepsknoten, von denen einige auch dazu dienen, das Aufdrehen eines mehrsträngigen Taus zu verhindern. Der Taljereepsknoten mit Acht (Abb. 1, 2) stellt eine interessante Variante dar und bietet sich vor allem bei kürzeren Fäden an, da man zum Knüpfen beide Seilenden benötigt.

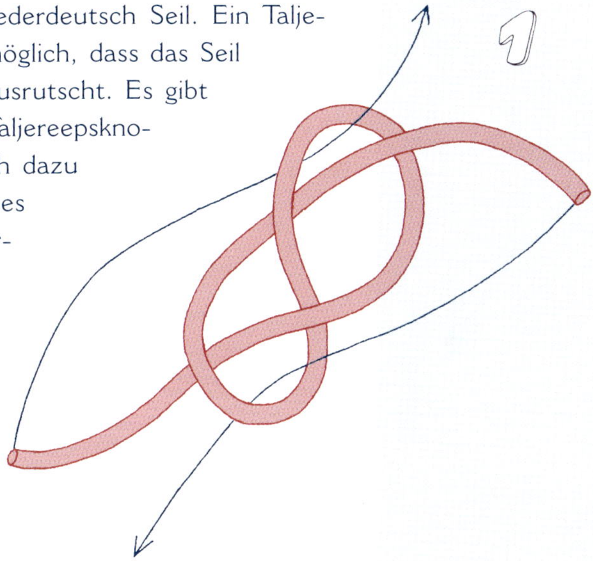
1

Sie stellen zuerst einen ganz normalen Achtknoten her und legen die Acht aufrecht vor sich. Dann fahren Sie mit dem oberen Seilende von vorne in die untere Hälfte der Acht hinein. Darauf ziehen Sie das untere Seilende von hinten durch die obere Hälfte der Acht.

Mit diesem einfachen Taljereepsknoten kann man z. B. die Schnur an der Lesebrille oder eine Vorhangschnur verzieren. Zugleich findet die Hand in ihm einen guten Halt.

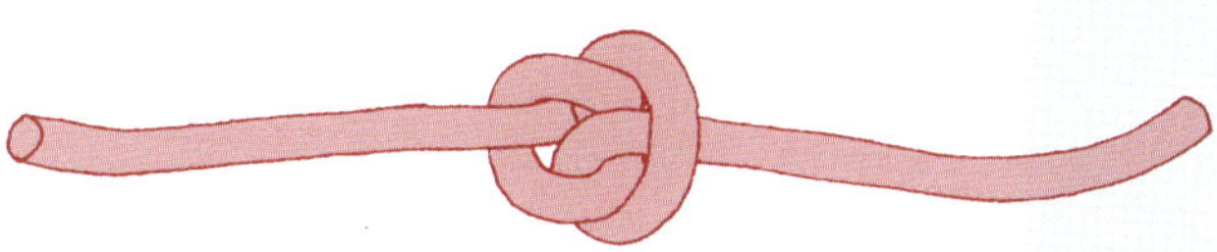
2

Fangleinenknoten

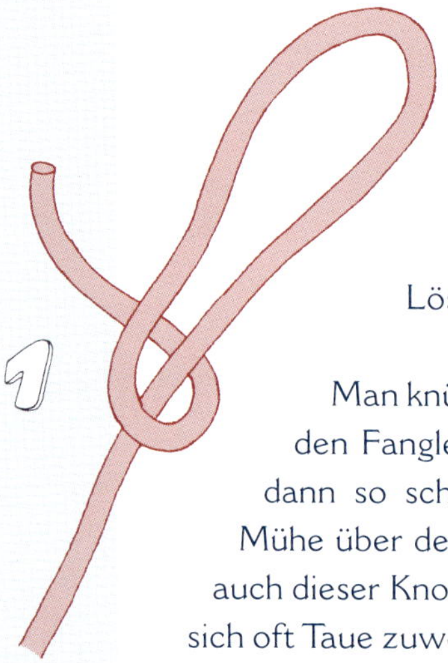

Jeder hat schon einmal versucht, eine Leine über einen höher gelegenen Ast zu werfen. Meist ist die Leine so leicht, dass man den Ast immer wieder verfehlt. Als Knotenspezialist hat man für dieses Problem jetzt eine Lösung.

Man knüpft in das Ende der Leine ganz einfach den Fangleinenknoten (Abb. 1–4), der die Leine dann so schwer macht, dass man sie nun ohne Mühe über den Ast werfen kann. Natürlich stammt auch dieser Knoten wieder aus der Seefahrt, da Segler sich oft Taue zuwerfen müssen.

Man bildet am besten zuerst eine Schlaufe, wobei das Seilende das Seil überquert. Dann schlagen Sie das Seil einmal ganz oberhalb des Ansatzes der Schlaufe herum, indem Sie unter dem Ansatz her fahren, und die Schnur wieder nach oben führen. Das wiederholen Sie insgesamt noch dreimal.

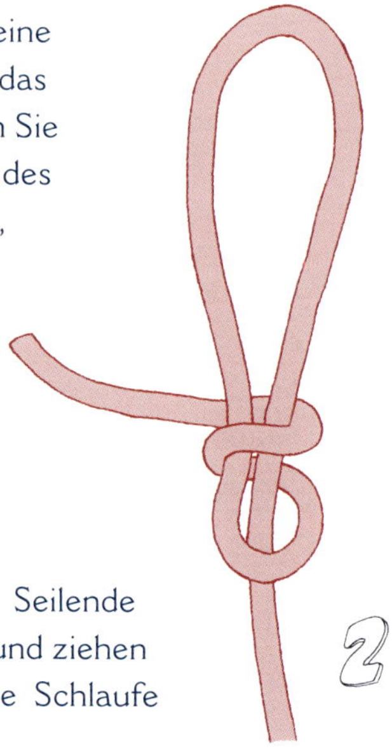

Zum Schluss führen Sie das Seilende von oben durch die Schlaufe und ziehen den Knoten so fest, dass die Schlaufe verschwindet.

Wenn Sie Ihr Leinenende noch schwerer machen wollen, können Sie natürlich die Anzahl der Törns (Windungen) erhöhen.

3

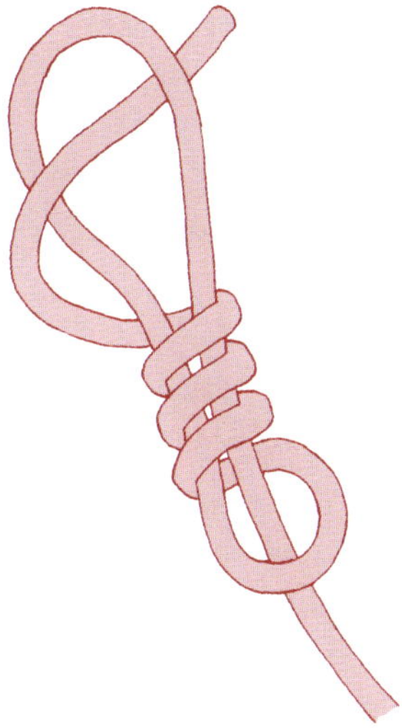

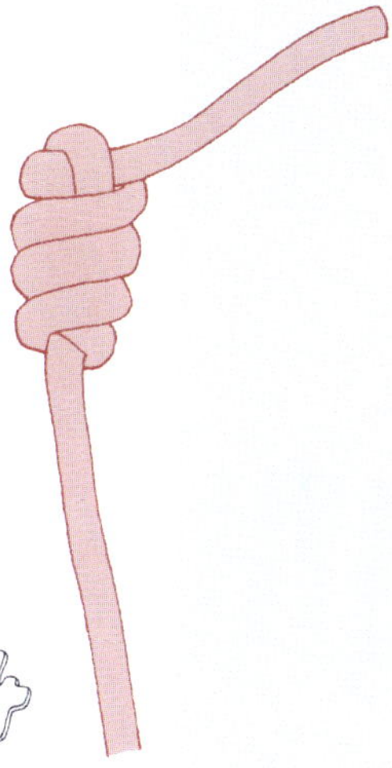

4

Fangleinenknoten als Gürtelschmuck

Den Fangleinenknoten nennt man überdies Franziskaner- oder Mönchsknoten. Die Franziskanermönche, deren Orden heute noch existiert, haben Armut gelobt. Deshalb tragen sie nur eine einfache braune Kutte, die am Bauch mit einem weißen Strick zusammengehalten wird. Das Ende des Stricks hängt immer schön senkrecht am Bauch herab, da die Franziskaner in ihre Stricke Fangleinenknoten hineinbinden.
Der Franziskanerknoten ist auch für Menschen, die kein Armutsgelöbnis abgelegt haben und nicht im Kloster leben, ein schöner Gürtelschmuck.

Knoten statt schneiden

Seile verkürzen

Mit weiten Röcken Fahrrad zu fahren, kann gefährlich sein. Ein Rockzipfel verfängt sich leicht in den Speichen und schon liegt man im hohen Bogen auf der Straße. Deshalb kürzen sich viele Frauen zum Radfahren ihren Rock, indem sie einen Knoten hineinbinden. Natürlich haben sie dafür keine speziellen Knoten, aber sie bedienen sich des Prinzips des Verkürzungsknotens. Dieses Prinzip lautet, so viel Material zu verbrauchen, bis der zu lange Stoff oder das herabhängende Seil die gewünschte Länge erhält. Dafür haben vor allem Seeleute besondere Knoten entwickelt.

Verkürzungen können mehrere Funktionen erfüllen. Oft ist es notwendig, Tauwerk zu kürzen, damit es nicht im Weg liegt. Außerdem benötigt man häufig Seile mit einer bestimmten Länge. Wenn solch ein Seil schon an beiden Enden befestigt ist, braucht man Knoten, die das Seil auf die gewünschte Länge bringen, ohne dass man es wieder abnehmen muss.

Trotz aller Tricks und Kniffe kostet es aber auch den Fachmann mehr Mühe eine Verkürzung zu knoten, als das Seil einfach abzuschneiden. Deshalb findet man Verkürzungsknoten meist in besserem Tauwerk, das immer wieder zu unterschiedlichen Zwecken benutzt wird.

Wer sich ein wenig mit Verkürzungen beschäftigt hat, wird sehen, dass diese Knoten auch dazu dienen können, schadhafte Stellen in einem Seil zu überbrücken. Bei Verkürzungsknoten verläuft ein gutes Stück Seil innerhalb des Knotens. Auf diesem Seilstück lastet dann wenig Spannung, sodass man auch angerissene Seile provisorisch weiternutzen kann.

Einfache Platting

Einer der einfachsten Verkürzungsknoten ist die Einfache Platting (Abb. 1, 2), auch Kettenstek oder Affenkette genannt. Unter Plattings versteht man geflochtene Bänder, die aber meist aus mehreren Seilen geknüpft werden. Die Einfache Platting wird aus nur einem Seil geknotet und ist sehr bekannt, denn dieser Grundknoten wird beim Häkeln verwendet. Diese Platting eignet sich gleichfalls, um auf einem Segelboot dickeres Tauwerk zu verkürzen. Da Plattings eine sehr regelmäßige und schöne Form haben, werden eine Anzahl weiterer Knoten dieser Art im Kapitel »Zier- und Schmuckknoten« vorgestellt.

1

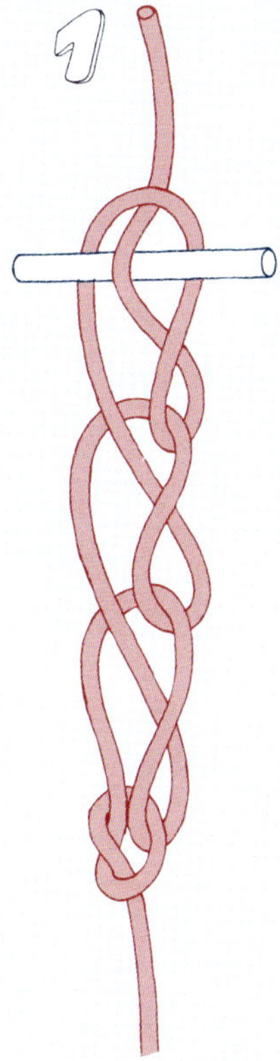

Man beginnt zunächst mit einem Einfachen Laufknoten. Dann zieht man das lose Tauende als Bucht durch das Auge und erhält wiederum ein Auge, durch das man das Tau erneut ziehen kann. Dieser Vorgang wird so lange fortgesetzt, bis das Tau die gewünschte Länge erreicht hat.

Zum Schluss steckt man in das letzte Auge ein Stück Holz, sodass sich die Verkürzung nicht mehr auflösen kann (Abb. 1). Wenn jedoch kein Knebel zur Hand ist, kann man die Plattling sichern, indem man nicht eine Bucht, sondern einfach das Seilende durch das Auge zieht (Abb. 2).

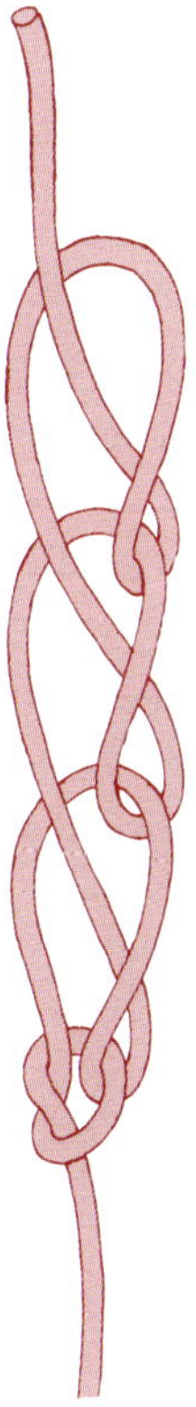

2

Glöcknerknoten

Wenngleich heute die Glocken in fast allen Kirchen elektrisch geläutet werden, verdient der Glöcknerknoten (siehe Abbildung) dennoch Erwähnung. In früheren Zeiten band ihn der Glöckner nach getaner Arbeit, damit das Seil nicht auf dem Fußboden des Glockenturms herumlag.

Der Glöcknerknoten lässt sich immer dann einsetzen, wenn ein Seil oder Ähnliches von oben herab auf den Boden hängt. Dies kann gleichermaßen grobes Tauwerk auf der Baustelle, ein Gartenschlauch oder die Schnur eines Vorhangs sein.

Der Glöcknerknoten entsteht, wenn man in das herabhängende Seil ein Auge knüpft und von unten eine Bucht in dieses Auge steckt. Dabei entscheidet die Größe der Bucht über die Länge der Verkürzung des Seils. Zum Schluss ziehen Sie das Auge etwas an und das Seil schwebt vor Ihnen.

Dieser Knoten eignet sich wirklich nur dazu, das Seil zu halten, in das er geknüpft ist. Hängen Sie etwas an eine Schnur mit einem Glöcknerknoten, liegt Ihr Seil sofort wieder unordentlich auf dem Boden.

Lange Trompete

Um die Lange Trompete (Abb. 1–3) zu üben, legen Sie ein Seil von links nach rechts vor sich hin. Dann legen Sie zwei ineinander übergehende Buchten.

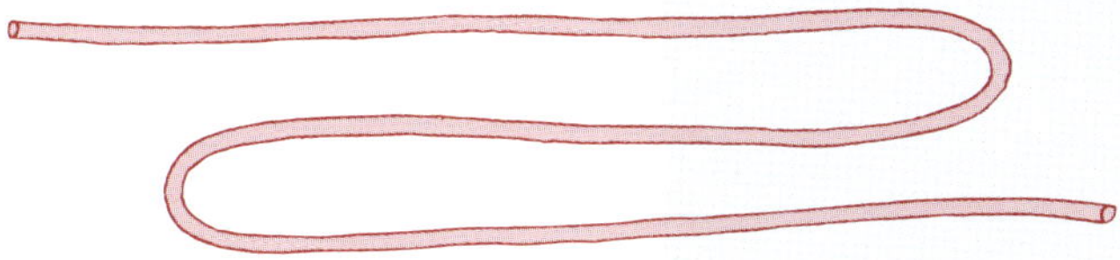

1

Die Spitze der ersten Bucht zeigt nach rechts, die der zweiten nach links. Am Ende der zweiten Bucht bilden Sie nun ein kleines Auge, wobei das Seilende am Ausgang des Auges das Seil überquert. Außerdem muss das Auge senkrecht stehen. Durch dieses Auge stecken Sie von vorne die rechte Bucht, und ziehen das Auge leicht an. Ähnlich verfahren Sie auf der linken Seite: Sie bilden ein Auge, das aber nach unten zeigt, und stecken die linke Bucht hindurch. Am besten halten Sie diesen Knoten fest, bis von beiden Seiten Zug auf ihm steht, sonst verliert er leicht seine Form.

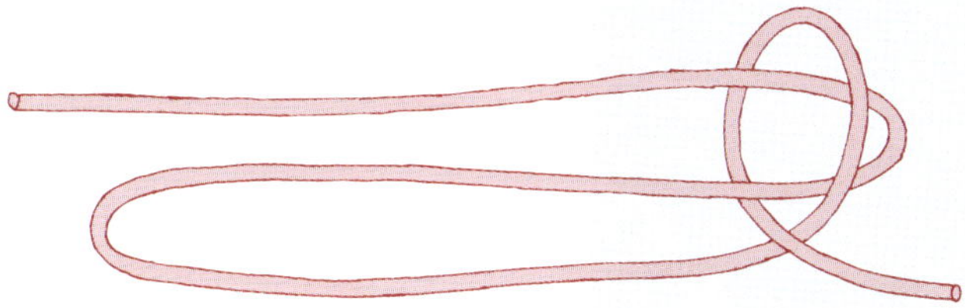

2

Die Lange Trompete wird meist als Verkürzung in die Mitte eines Seils geknüpft, was auch möglich ist, wenn beide Seilenden befestigt sind. Dieser Knoten kann zudem verwendet werden, um ein schadhaftes Stück in einem Seil zu entlasten. Man muss dann nur darauf achten, dass die schadhafte Stelle schon am Anfang genau im Übergang von der ersten zur zweiten Bucht liegt.

3

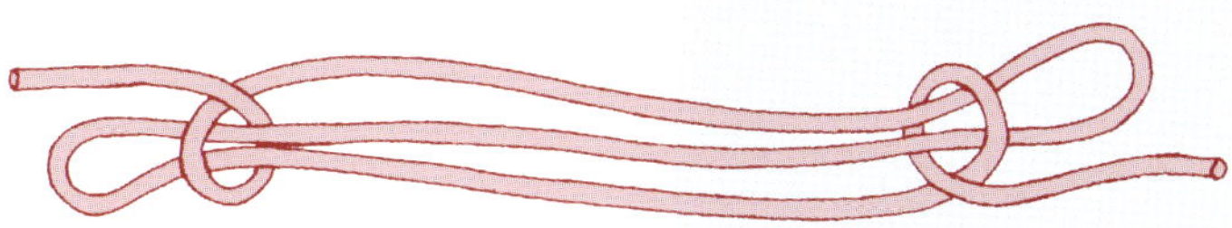

Hundebein und Katzenbein

Hundebein und Katzenbein (Abb. 1–4) ähneln in Struktur und Aufbau der Langen Trompete. Wenn man etwas Fantasie besitzt, kann man vermuten, wie Hundebein und Katzenbein zu ihren doch recht merkwürdigen Namen gekommen sind: Beide Knoten zeichnen sich dadurch aus, dass Sie auffällige Schlaufen besitzen. Diese Schlaufen erinnern an Katzen- bzw.

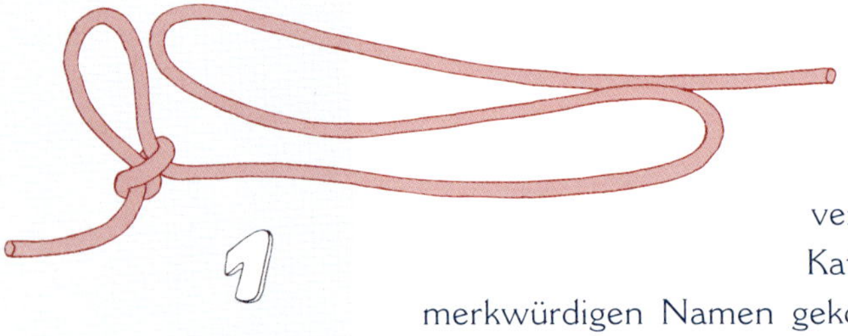

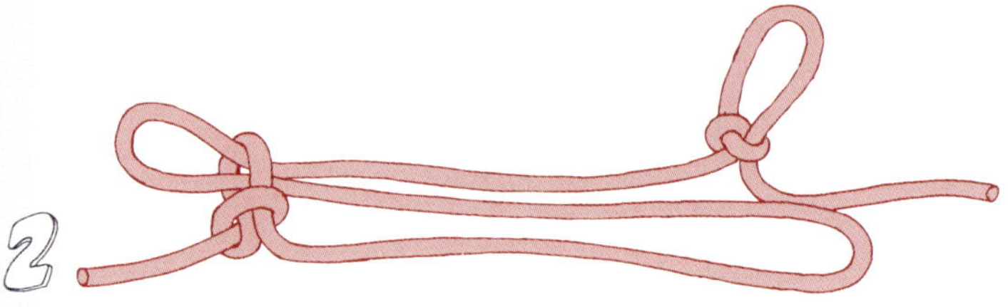

Hundepfoten. Die Seilstücke zwischen diesen Pfoten wären dann die Hunde- bzw. Katzenbeine. Viel wichtiger als diese Mutmaßungen ist aber zu wissen, wie man die beiden Knoten knüpft.

Für das Hundebein (Abb. 1–3) binden Sie zuerst einen Einfachen Laufknoten (vgl. Seite 19). Durch die Schlaufe des Laufknotens führt man eine Bucht und zieht den Laufknoten fest.

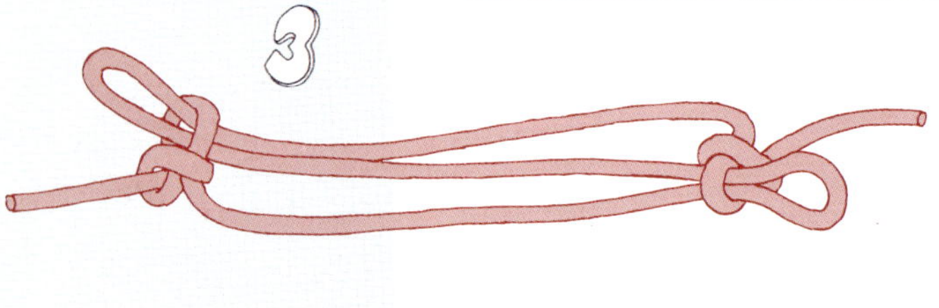

Dadurch entsteht eine neue Schlaufe, die Sie parallel zum Seil legen. An der Stelle, wo die Schlaufenspitze endet, knüpfen Sie erneut einen Laufknoten und stecken die Schlaufenspitze durch den Laufknoten und ziehen ihn fest.

Beim Katzenbein (Abb. 4) gehen Sie in der gleichen Weise vor. Der einzige Unterschied zwischen Hundebein und Katzenbein besteht darin, dass Sie die Laufknoten des Hundesbeins beim Katzenbein durch Überhandknoten ersetzen müssen.

Das Katzenbein besitzt gegenüber dem Hundebein den Vorteil, dass es stärkerem Zug standhält. Als Nachteil stellt sich schnell heraus, dass es nach Belastung schwer wieder zu lösen ist.

Beide Knoten lassen sich gut in mitteldicke Seile binden und bieten mehr Sicherheit als die Lange Trompete. Bei grobem Tauwerk ist jedoch die Lange Trompete überlegen, da man weder Überhand- noch Laufknoten knüpfen muss.

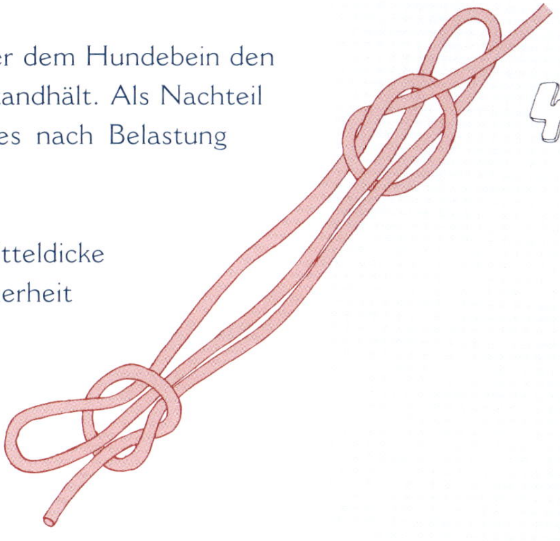
4

Zur Erinnerung: Einfacher Laufknoten

Man bindet den Einfachen Laufknoten, indem man sich ein Auge beispielsweise um den Finger legt und anschließend eine Bucht durch dieses Auge zieht. Oder man stellt einen ganz normalen Überhandknoten her und steckt dann das Seilende durch den Überhandknoten zurück. Der Einfache Laufknoten zeichnet sich dadurch aus, dass er sich sofort auflöst, wenn Zug auf das lose Seilende kommt.

Marineverkürzung

Die Marineverkürzung (Abb. 1–4) ist schon ein anspruchsvoller Knoten, der auf zwei verschiedene Arten geknüpft werden kann. Wenn man ihn – um sich den Aufbau klarzumachen – beim ersten Mal Schritt für Schritt mit einem losen Seil knüpft, gelingt er eigentlich immer.

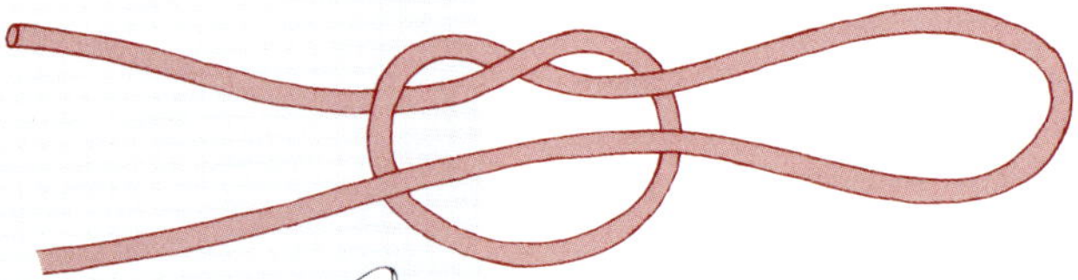

1

Zuerst knoten Sie einen normalen Überhandknoten, den Sie mit der Bucht nach unten vor sich hin legen und nicht zuziehen. Dann nehmen Sie das rechte Seilende und legen es parallel zum Seil über den Überhandknoten. Darauf führen Sie das linke Seilende ebenfalls parallel unter dem Überhandknoten her, überqueren dabei aber in der Bucht des Knotens das Seilstück, das sie vorher über den Knoten gelegt haben. In diesem Stadium mit zwei Schlaufen haben Sie den Handschellenknoten vor sich. Nun schlagen Sie – wie schon bei Hundebein und Katzenbein – mit dem Seilende, das rechts liegt, einen Törn um die daneben liegende Schlaufe. Auf der anderen Seite tun Sie das Gleiche und die Marineverkürzung liegt vor Ihnen.

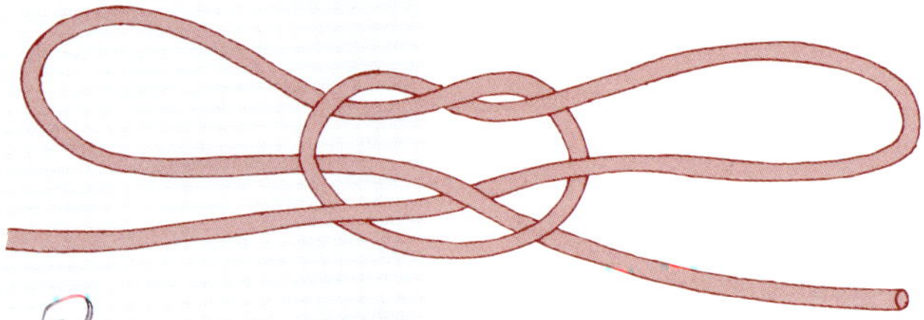

2

Nun binden Sie den Knoten auf die raffiniertere Art (Abb. 4). Dazu legen Sie vier Augen in das Seil. Dabei überlappt das zweite das erste Auge, das dritte liegt über dem zweiten und das vierte überlappt wiederum das dritte. Achten Sie darauf, dass alle Kreuzungspunkte der Zeichnung entsprechen. Nun ziehen Sie die linke Seite des dritten Auges – wie auf der Zeichnung angedeutet – durch das zweite und das erste Auge. Mit der rechten Seite des zweiten Auges verfahren Sie auf der anderen Seite genauso. Nachdem Sie alles festgezogen haben, ergibt sich die gleiche Knotenform wie bei der ersten Marineverkürzung.

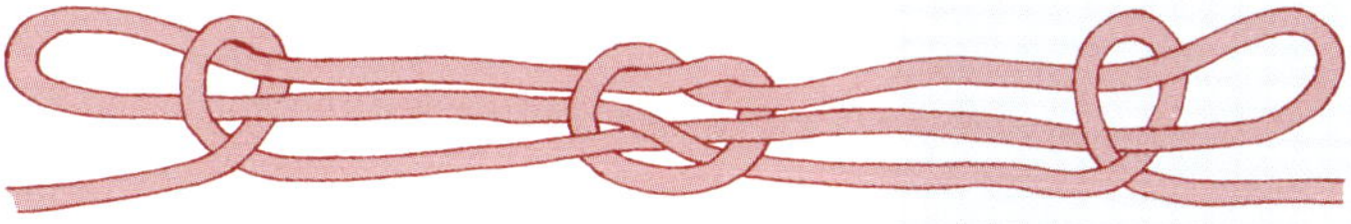

3

Lassen Sie sich bei dieser zweiten Weise zu knoten, nicht entmutigen. Nach einigem Üben werden sie immer mit einem schönen Knoten belohnt, den Sie sicher noch in Form bringen müssen. Die Marineverkürzung sieht aber so gut aus, dass man sie ebenso als dekorativen Knoten verwenden kann. Weitere dekorative und raffinierte Knoten finden Sie im Teil »Zier- und Schmuckknoten« (ab Seite 69). Außerdem können Sie jeden knotenunkundigen Bekannten damit überraschen, welche Form aus vier nebeneinander platzierten Augen entsteht.

4

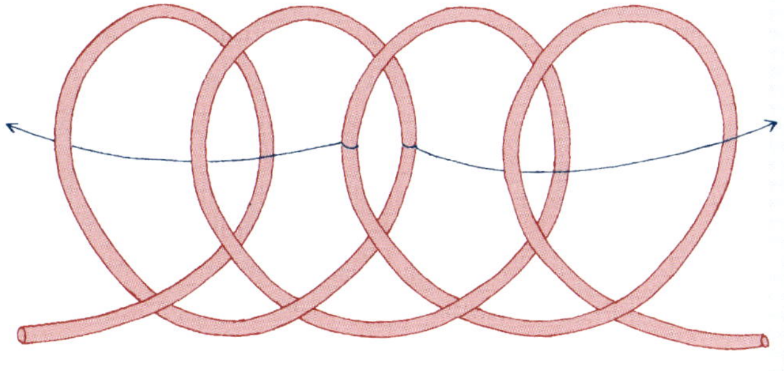

Knotenverkürzung

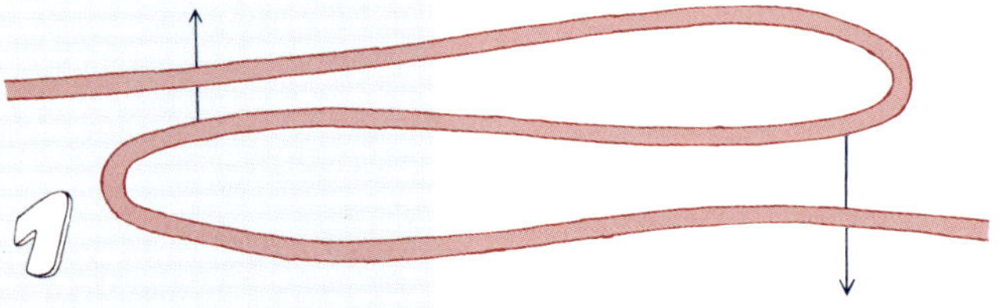

Auch die Knotenverkürzung (Abb. 1–3) kann in ein Seil geknotet werden, das schon aufgespannt ist. Wenn beispielsweise die Wäscheleine durchhängt, müssen Sie sie nicht abnehmen und neu spannen, sondern Sie können sie mit der Knotenverkürzung wieder straffen.

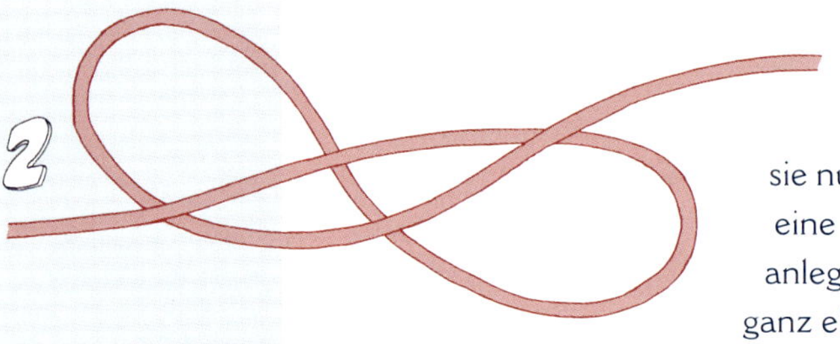

Diese Knotenverkürzung lässt sich nur sehr schwer in dickere Seile knoten. Für eine Paketschnur oder Wäscheleine bietet sie sich dagegen an. Allerdings sollte man sie nur benutzen, wenn man eine langfristige Verkürzung anlegen will, da sie sich nicht ganz einfach lösen lässt.

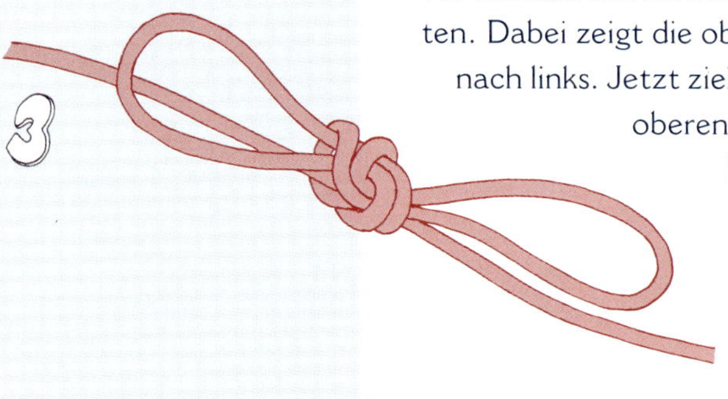

Beim ersten Versuch legen Sie das Seil am besten – wie schon bei der Langen Trompete – von links nach rechts vor sich hin und formen zwei aufeinanderfolgende Buchten. Dabei zeigt die obere Bucht nach rechts, die untere nach links. Jetzt ziehen Sie die untere Bucht unter der oberen Bucht her. Das Gleiche wiederholen Sie auf der anderen Seite. Darauf schlingen Sie die beiden entstandenen Schlaufen umeinander und schieben eine Schlaufe durch die Schlingen der anderen.

Schmuck für Männer

Krawattenknoten und Fliege

Manche Männer haben sich beim Krawattenbinden beinahe selbst erwürgt. Wenn anläßlich von Konfirmation oder Firmung zum ersten Mal selbst eine Krawatte gebunden werden muss, stehen die jungen Männer oft vor großen Rätseln. Dann werden Vater und Mutter zur Hilfe gerufen. Bis der Knoten endlich in aller Hektik gebunden ist, haben sie oft einen dicken Familienkrach hinter sich. Das lässt sich vermeiden, wenn man sich vorher genau ansieht, was ein Krawattenknoten eigentlich ist und wie er gebunden wird. Ein bisschen üben kann hier nicht schaden.

Wer schon Routine beim Krawattenbinden besitzt, den packt vielleicht die Lust zu etwas Anspruchsvollerem. Krawattenknoten ist nicht gleich Krawattenknoten, und Fliegen zu knoten, erfordert schon etwas Ehrgeiz. Man kann Fliegen auch fertig geknotet und mit einem Gummiband oder Häkchen versehen im Kaufhaus erstehen. Wer aber wirklich schick sein will, sollte seine Fliege selbst binden. Denn erst dann hat er die Details und Feinheiten im wörtlichen Sinn in der Hand.

Um Krawattenknoten und Fliegenbinden zu üben, stellt man sich am besten mit einer Krawatte oder einer Fliege vor den Spiegel. Es nützt meist nichts, wenn man einen Krawattenknoten oder eine Fliege in eine Kordel binden kann, die man vor sich hat. Denn im Ernstfall bindet man vor dem Spiegel und sieht alles spiegelverkehrt.

Lange Krawatte

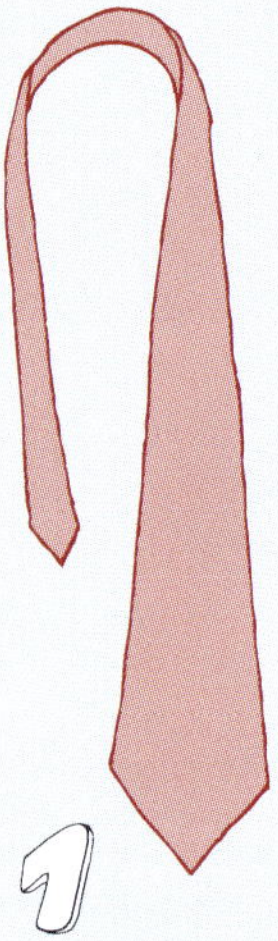

Die Lange Krawatte, englisch Four-In-Hand (Abb. 1–5), sieht man am häufigsten, obwohl es sicher schönere Arten gibt, eine Krawatte zu binden. Die Lange Krawatte verrutscht nämlich recht leicht und sieht dann unordentlich aus. Am besten wirkt die Lange Krawatte zu einem Button-Down-Kragen (Abb. 6), bei dem die Kragenspitzen mit einem Knopf am Hemd festgemacht sind.

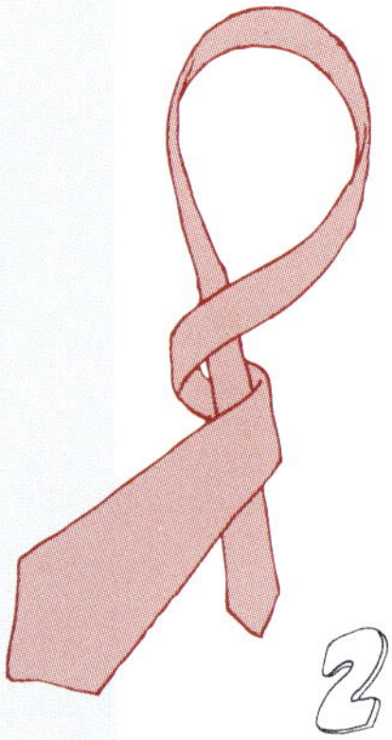

Woher der englische Name »Four-In-Hand« stammt, ist in Vergessenheit geraten. Es gibt lediglich eine kurze Begründung, die aber sehr unglaubwürdig ist: Dieser Krawattenknoten sei so kompliziert, dass er nur mit vier Händen gebunden werden könne. Diese Erklärung des Namens ist sicher falsch und soll Sie daher nicht abschrecken, die Lange Krawatte zu binden. Sie ist im Gegenteil eher einer der leichter zu knüpfenden Krawattenknoten.

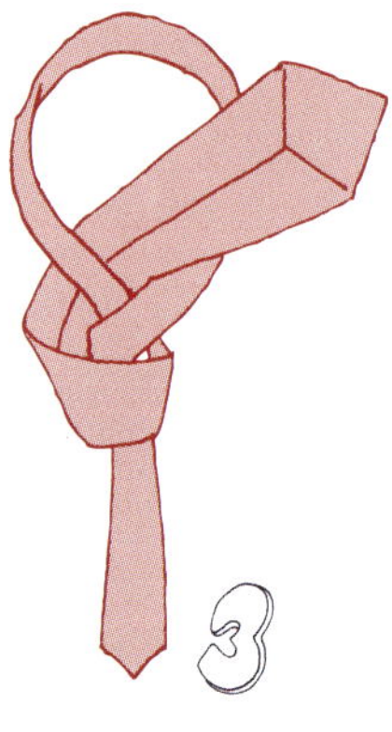

Wenn Sie sich mit diesem Knoten schmücken wollen, legen Sie sich zuerst die Krawatte um den Hals. Das breite Ende sollte dabei deutlich weiter

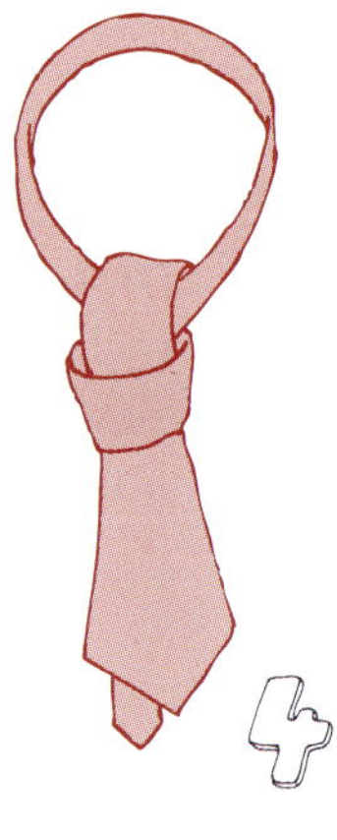

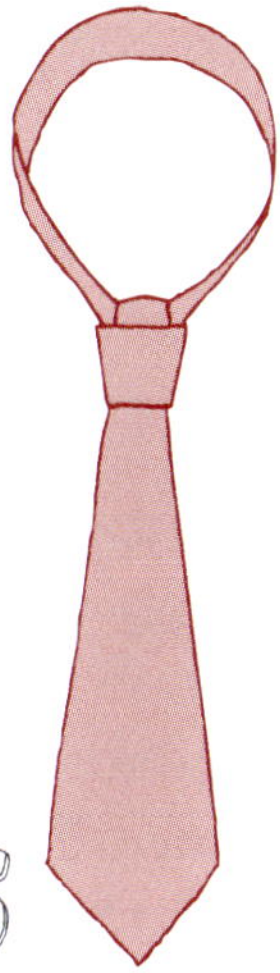

5

herunterhängen als das schmale. Dann winden Sie das breite Krawattenende einmal ganz um das schmale Stück herum. Jetzt führen Sie das breite Ende von unten zwischen Hals und Krawatte durch. Stecken Sie dann den breiten Zipfel durch das jetzt quer verlaufende Krawattenstück.

Damit die Krawatte eng am Hals sitzt, müssen Sie nun vorsichtig am schmalen Krawattenende ziehen, das – wenn Sie richtig gebunden haben – unter dem breiten Ende liegen müsste. Wenn der Knoten noch nicht gut aussieht, helfen Sie ruhig ein bisschen nach. Bei Krawattenknoten ist das oft notwendig. Achten Sie darauf, dass die Lange Krawatte nicht von vornherein schief sitzt.

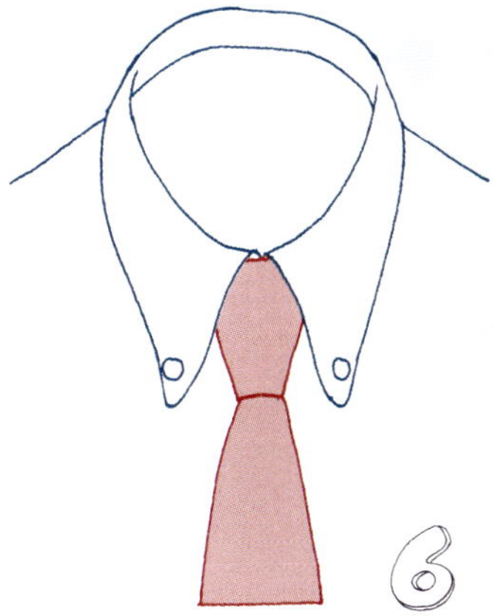

6

»Kulturstrick« oder modisches Accessoire?

Über Krawatten kann man sich streiten. Viele halten sie für überflüssig, andere können sich gar nicht vorstellen, ohne Krawatte das Haus zu verlassen. Die meisten Jugendlichen sehen in den »Krawattenträgern« Spießer, die sich alle gleich anziehen, eine Uniform tragen und keine Individualität besitzen. Ein Jahrzehnt später schmücken sie sich aber auch – oft mit Begeisterung – mit den gleichen Krawatten wie ihre Väter. Denn trotz aller Diskussionen sind Krawatte und Fliege immer noch fester Bestandteil der Männermode.

Einfacher Windsorknoten

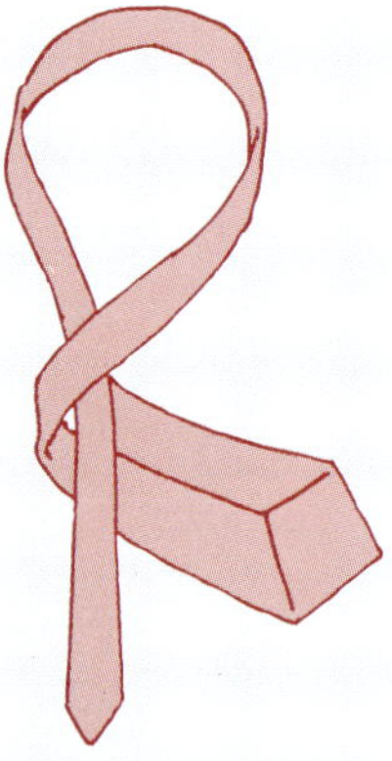

1

Der Einfache Windsorknoten (Abb. 1–4) besitzt mehr Volumen als die Lange Krawatte und verrutscht nicht so leicht.

Dieser klassische Krawattenknoten ist leider etwas aufwändiger zu binden. Jedoch übertrifft er die Lange Krawatte in Bezug auf Eleganz und Schönheit auf den ersten Blick. Wenn man etwas auf sich hält in Fragen der Mode, sollte man wenigstens den Einfachen Windsorknoten tragen.

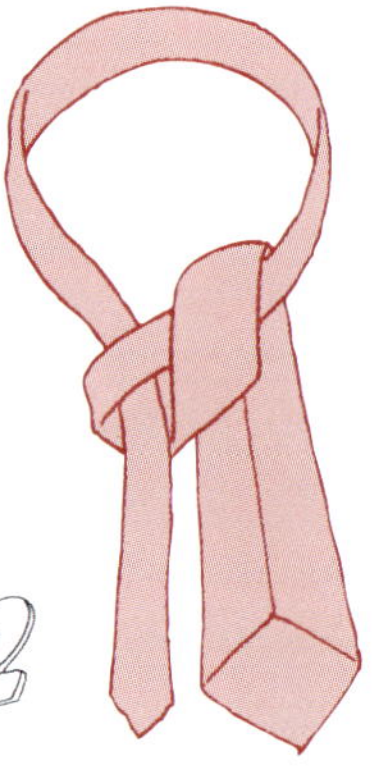

2

Am besten trägt man ihn zum Kent-Kragen (Abb. 5), bei dem die Kragenspitzen nicht am Hemd befestigt sind und etwas weiter auseinander stehen als beim Button-Down-Kragen.

Zuerst legen Sie sich die Krawatte um den Hals. Wie bei allen Krawattenknoten sollte dabei das breite Ende deutlich weiter herunterhängen als das schmale Ende.

Dann schlingen Sie die breite Krawattenspitze um das schmale Ende herum und stecken es von oben zwischen Ihrem Hals und der Krawatte durch. Nun sieht man die Krawattenrückseite.

3

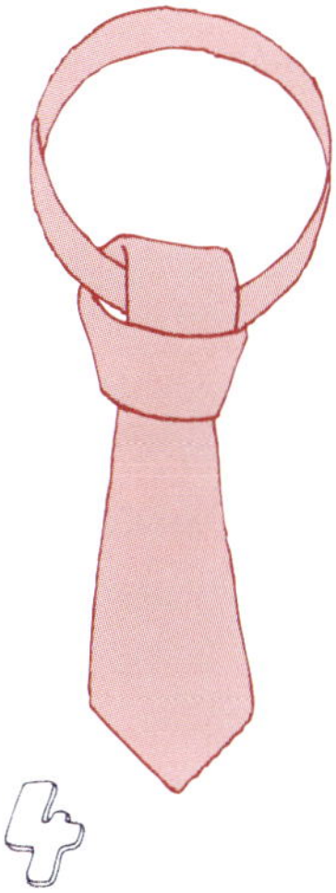

Sie legen jetzt die Krawatte quer über das schmale Ende, sodass wieder die Vorderseite zu sehen ist.
Dann stecken Sie das breite Krawattenende diesmal von unten zwischen Hals und Krawatte hindurch und abschließend unter dem querliegenden Stück der Krawatte her.
Zum Schluss müssen Sie den Knoten nur noch festziehen und gegebenenfalls etwas zurechtrücken.

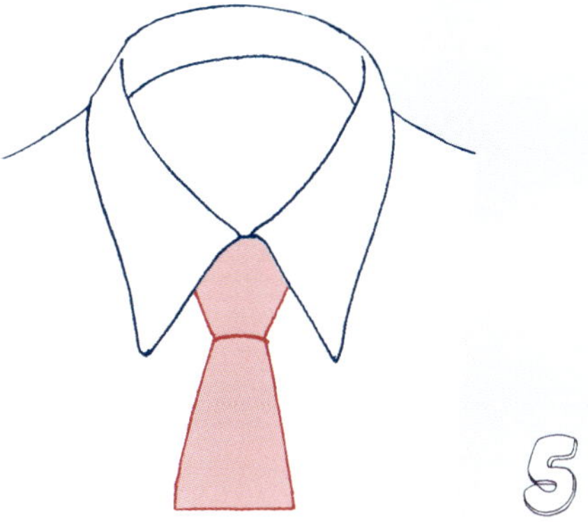

Wie der Windsorknoten entstand

Das Jahr 1936 ist in die Geschichte der Krawatte als eines der wichtigsten eingegangen. Dies hängt vor allem mit der Weltgeschichte zusammen. Im gleichen Jahr nämlich dankte Eduard VIII. als König von England ab, weil er eine bürgerliche und dazu noch geschiedene Amerikanerin heiraten wollte. Fortan lebte er im Ausland und führte nur noch den Titel Herzog von Windsor. Von den Pflichten eines Königs befreit konnte er sich ganz den Fragen der Mode und des guten Auftretens widmen. In dieser Zeit erfand der Herzog von Windsor auch einen Krawattenknoten, der nach ihm benannt wurde: den Windsorknoten.

Doppelter Windsorknoten

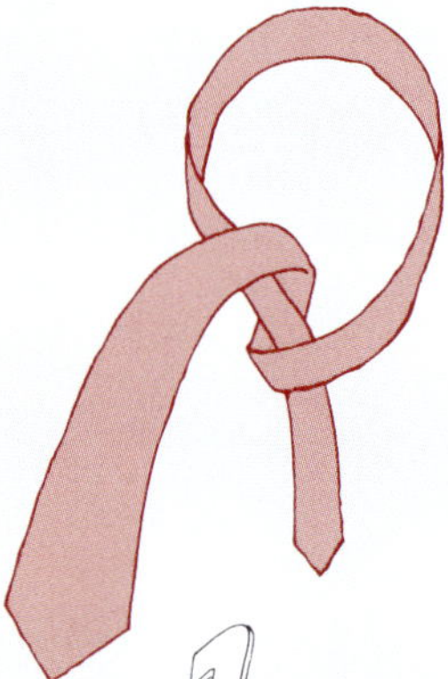

1

Der Doppelte Windsorknoten (Abb. 1-6) ist der größte und komplizierteste der hier vorgestellten Krawattenknoten. Wenn Sie ihn das erste Mal binden, nehmen Sie sich etwas Zeit, und probieren Sie ihn nicht fünf Minuten vor einem wichtigen Termin aus. Am besten wagen Sie sich erst an den Doppelten Windsorknoten, wenn Sie den einfachen bereits beherrschen. Denn der Doppelte Windsorknoten baut – wie der Name schon andeutet – auf dem einfachen auf. Er unterscheidet sich von einem normalen Windsorknoten nur durch eine zusätzliche Windung, weshalb er aber deutlich mehr Volumen besitzt. Gerade dieser Umfang macht ihn zu einem wahren Prachtstück unter den Krawattenknoten.

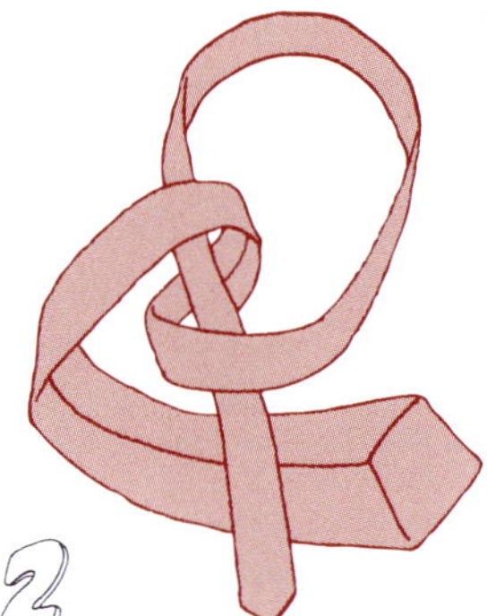

2

Die Schönheit des Knotens wirkt am dekorativsten zum Haifisch-Kragen (Abb. 7). Denn bei diesem Kragen sind die Kragenspitzen sehr weit auseinandergezogen, sodass nur ein dicker Knoten gut zur Geltung kommt.

Der Doppelte Windsorknoten wird am besten geknüpft, indem man sich die Krawatte um den Hals legt und das breite Ende wirklich

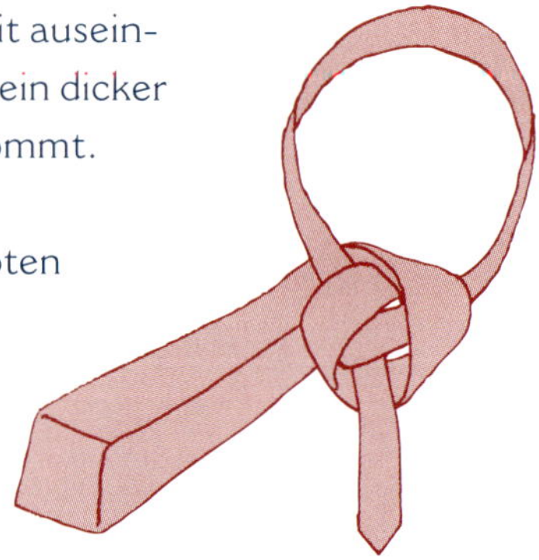

3

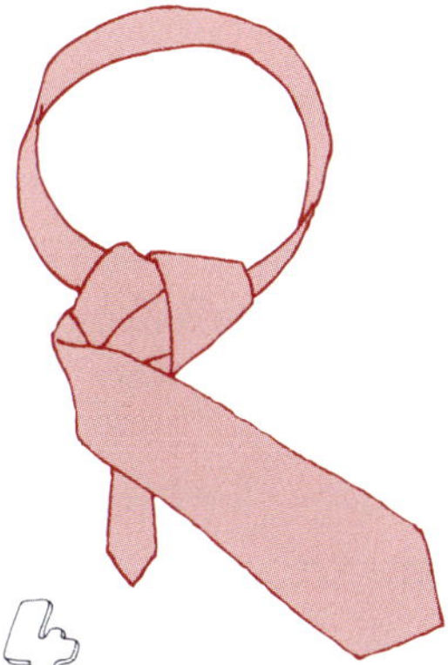

4

sehr viel länger herunterhängen lässt als das schmale. Denn man braucht viel Spiel für diesen Knoten. Jetzt schlingen Sie das breite Krawattenende um das schmale und ziehen es – im Gegensatz zum Einfachen Windsorknoten – von unten zwischen Hals und Krawatte durch. Darauf unterqueren Sie das schmale Ende und stecken die Krawatte auf der anderen Seite von oben zwischen Hals und Krawatte durch. Legen Sie die Krawatte nun quer über das schmale Ende und führen sie von unten zwischen Hals und Krawatte hindurch, um dann zum Schluss wieder unter dem quergelegten Krawattenstück herzufahren. Auch den Doppelten Windsorknoten rücken Sie am besten noch etwas zurecht.

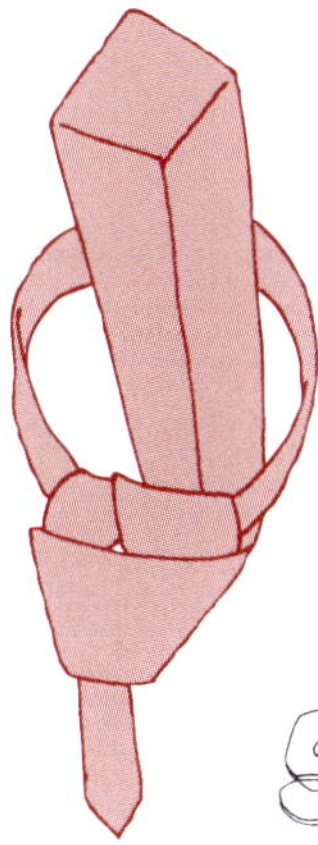

5

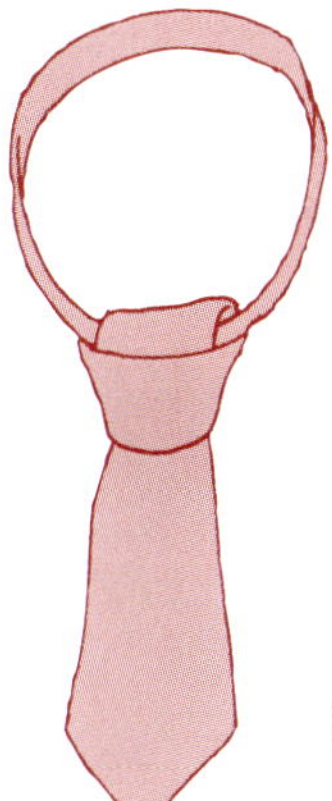

6

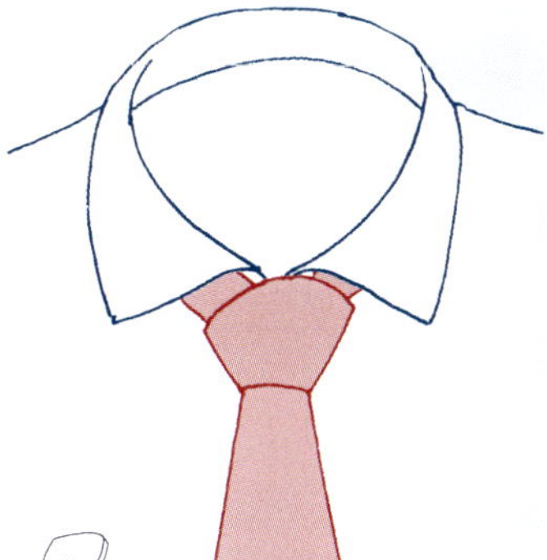

7

Klassische Fliege

Schöne, schon fertig gebundene Fliegen lassen sich recht preiswert kaufen. Das eigenhändige Binden von Fliegen ist daher mehr eine Stilfrage. Wer etwas auf sich hält, bindet selbst. Und entgegen allen Vorurteilen knüpft sich eine klassische Fliege im Prinzip ganz einfach, denn sie ist im Grunde nichts anderes als eine normale Schuhschleife.

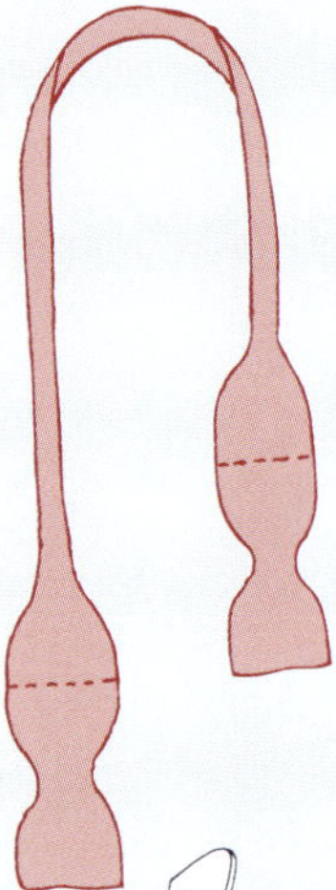

1

Sie legen sich die ungebundene Fliege (Abb. 1–6) um den Hals und lassen sie auf der linken Seite etwas weiter herunterhängen als auf der rechten.

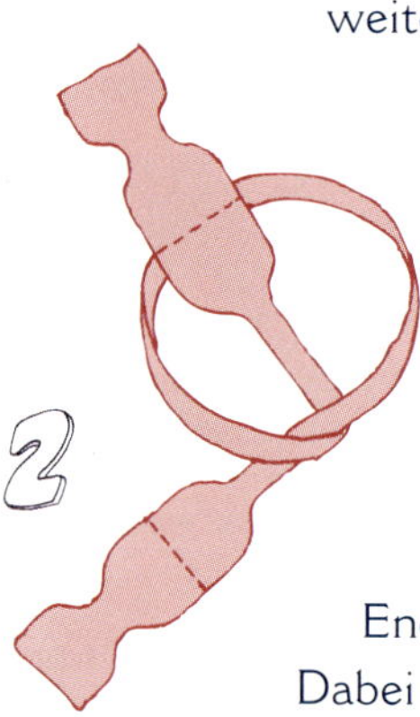

2

Jetzt führen Sie das linke Ende über das rechte und ziehen es dann von unten zwischen Hals und Fliege durch.

Dann legen Sie das rechte, breite Endstück quer und falten es zur Seite. Dabei muss die offene Seite links liegen. Als nächstes führen Sie das linke Ende über das quergelegte Stück und platzieren ein Teil des schmalen Mittelbands der Fliege über dem Querstück.

Dann binden Sie weiter mit dem linken Ende, indem Sie es einmal um das quergelegte Stück herumschlingen

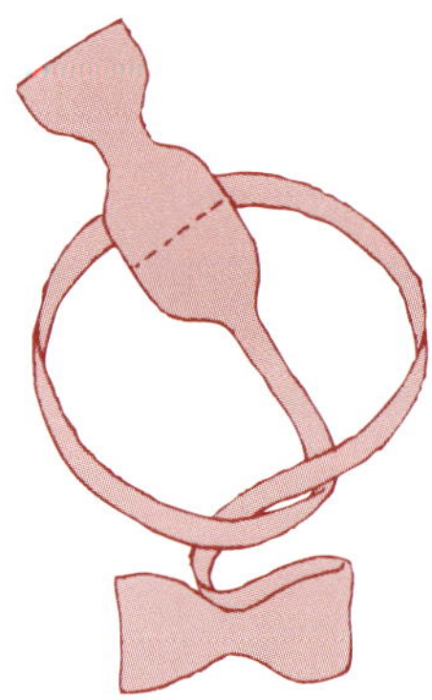

3

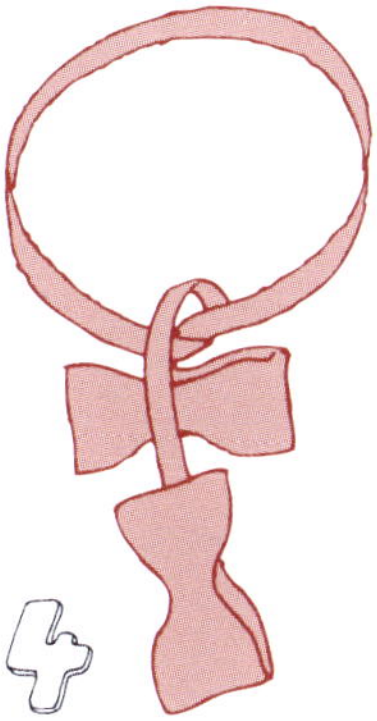

und anschließend das breite Stück bis zur Mitte falten und so unter dem schmalen Stück hindurchziehen. Abschließend muss die Fliege gegebenenfalls noch etwas zurechtgezogen werden.

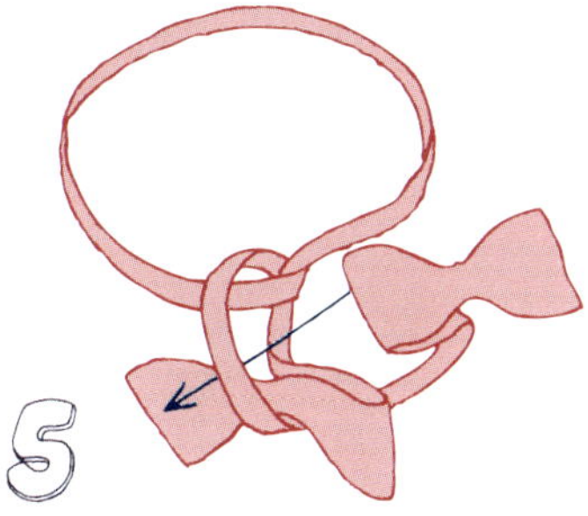

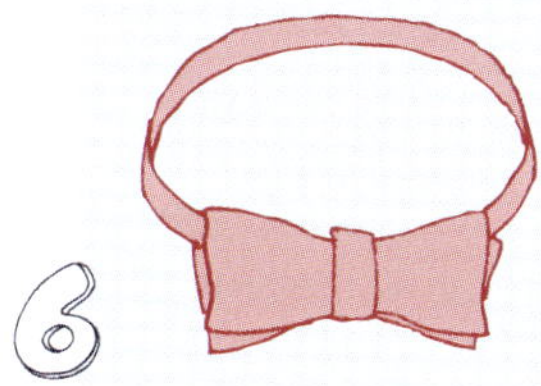

Die Fliege als Vorläufer der Krawatte

Die Fliege ist eigentlich der Vorläufer der Krawatte. Bis weit in das 19. Jahrhundert hinein wurden alle Halsbinden, Halstücher und Bänder so gebunden, dass nur kurze Enden aus dem Knoten herausragten. Der einzige Halsschmuck der Herren war die Fliege, auch wenn sie teilweise schon Krawatte genannt wurde.
Erst im 20. Jahrhundert trat die Krawatte ihren Siegeszug an. Noch heute wird die Fliege weniger als die Krawatte getragen. Allerdings nimmt in den letzten Jahren die Bedeutung der Fliege in der Herrenmode wieder mehr und mehr zu.

Eine kurze Geschichte der Krawatte und der Fliege

Wie so vieles in unserer Kultur beginnt auch die Geschichte der Krawatte und der Fliege bei den alten Römern. Viele römische Legionäre trugen Halsbinden, vermutlich um sich vor Kälte zu schützen.
Als Schmuckelement kam die Krawatte erst bei den Soldaten des französischen Königs Ludwig XIV. (1638-1715) in Mode. Vor allem das kroatische Regiment zeigte viel Eifer beim Krawattenbinden. Allerdings trugen diese Söldner noch keine Stoffkrawatten, sondern banden ihre kunstvollen und komplizierten Knoten in einfache Kordeln. Von ihnen aber hat die Krawatte ihren Namen erhalten. Die Kroaten, französisch »Croates«, wurden im 17. Jahrhundert im Volksmund »Cravates« genannt. Dieser Name ging auf ihre Halsbinde über, die fortan Krawatte hieß.
Im 18. Jahrhundert setzte sich in der damals vielfältigen Herrenmode noch einmal mit aller Macht das Halstuch durch. Konnte man sich als modebewusster Mann im Rokoko (18. Jahrhundert) nicht nur über Halstücher, sondern auch über Perücken, Fräcke, Kniehosen und Strümpfe Gedanken machen, so musste man sich mit Beginn des 19. Jahrhunderts auf die Krawatte konzentrieren, da die Herrenmode immer nüchterner wurde. Man erfand die kompliziertesten Knoten und verfasste ganze Lehrbücher über die Kunst des Krawattenbindens. Einige Autoren forderten sogar, dass der Krawattenknoten die individuelle Persönlichkeit des Mannes ausdrücken müsse. Allerdings besaß die Krawatte bis dahin nur kurze Enden. Erst im letzten Drittel des 19. Jahrhunderts entstand aus den herunterhängenden Enden der Krawattenschleifen der so genannte »Langbinder«, der seitdem die Herrenmode beherrscht. Er lässt der Fliege, die der Ursprungsform der Krawatte viel näher steht, nur wenig Platz. Einzig Form und Farbe des langen, herunterhängenden Endes der Krawatte ändern sich alle paar Jahre.

Schön und elegant – Knoten in Tüchern

Tücher sind gewissermaßen die Krawatten und Fliegen der Frauen. Zwar tragen auch Männer manchmal ein Tuch zum offenen Hemdkragen, aber es gibt eigentlich nur ein Art, wie Männer Ihr Halstuch binden. Es bieten sich auch nur wenige Möglichkeiten an, ein Taschentuch zu falten, das in der Brusttasche des Jacketts getragen wird. Vielleicht liegt das daran, dass Männer seit Jahrhunderten ihre Energie darauf verwenden, schöne Knoten für Krawatten zu entdecken. Bei Frauen findet man dagegen zahlreiche Varianten, ein Halstuch zu binden und zu tragen.

Trägt man ein Tuch klassisch zum Blazer, ist man für die meisten feierlichen Anlässe wie Hochzeit oder Firmenjubiläum passend gekleidet. Etwas legerer wirkt ein Tuch zu einem Rollkragenpullover. Richtig gebunden und mit einer Nadel festgesteckt, kann man sich so überall sehen lassen: morgens im Büro, mittags beim Einkauf und abends mit Freunden in der Kneipe. Nie zu schick, aber immer ein Blickfang. Tücher kann man ebenfalls zu T-Shirt und Jeans tragen. Besonders in Herbst und Winter gehören sie zur Freizeitkleidung vieler Frauen.

Je nach Gelegenheit sollte man natürlich das Tuch unterschiedlich tragen. Es gibt Knoten, die eher schlicht wirken und solche, die eine runde, »barocke« Form ergeben. Diese Knoten sind sehr einfach zu binden. Und man benutzt sie außerdem im Alltag, um z. B. etwas festzubinden. Sie kennen demnach vielleicht die Knoten, die hier vorgestellt werden. Aber im Gegensatz zum Alltag kommt es beim Knoten eines Tuchs nicht auf Festigkeit, sondern allein auf Schönheit an.

Halstuchknoten

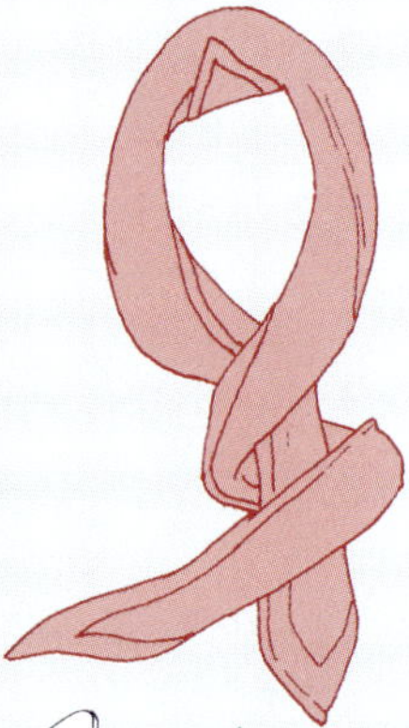

1

Manche Männer tragen statt einer Krawatte lieber ein Halstuch (Abb. 1–3). Da eine Krawatte immer um den geschlossenen Hemdkragen gebunden wird, fühlen sie sich eingeengt. Deshalb greifen viele zum Halstuch, das sehr angenehm zu tragen ist, weil es den offenen Hemdkragen schmückt. Natürlich finden manche Halstücher einfach schöner als Krawatten oder Fliegen. Denn das Halstuch wirkt meist etwas legerer und sieht trotzdem immer ordentlich und schick aus.

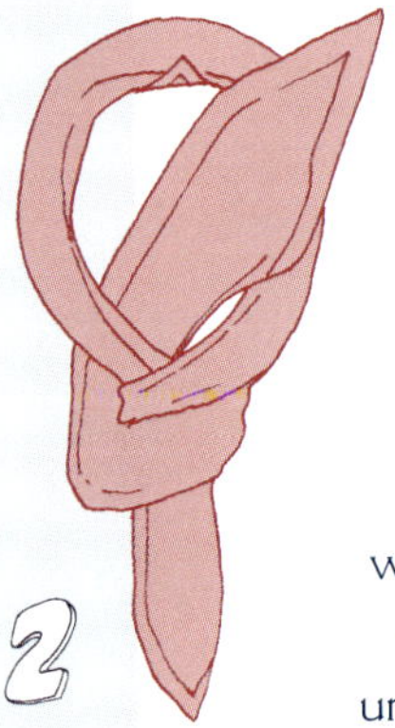

2

Der Knoten, mit dem man ein Halstuch bindet, ähnelt der Langen Krawatte. Zuerst legt man sich das Tuch um den Hals, wobei das rechte Ende etwas länger als das linke sein sollte. Dann beginnt man mit dem rechten Ende, indem man es von links einmal um das andere Tuchende windet. Darauf taucht man von unten zwischen Hals und Tuch her. Im Gegensatz zur Langen Krawatte legt man nun beide Tuchenden einfach übereinander und steckt sie unter dem Hemd fest.

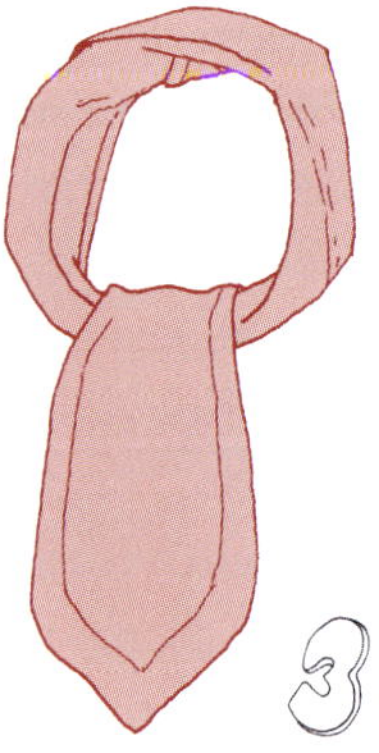

3

Gefaltetes Taschentuch

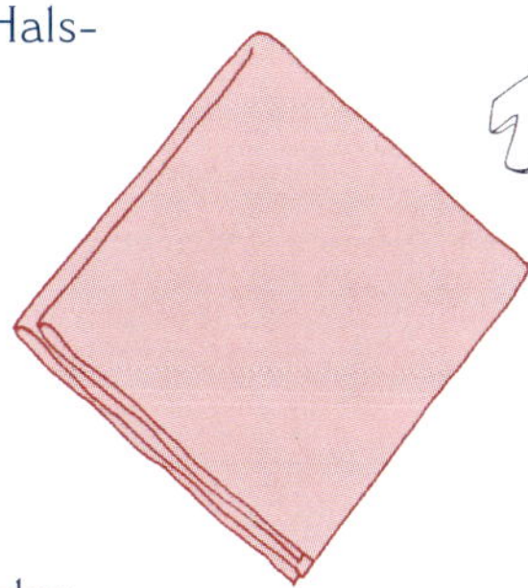
1

Für Männer gibt es neben dem Halstuch noch eine zweite Möglichkeit, ein Tuch zu tragen: Ein Taschentuch in der Brusttasche des Jacketts wirkt sehr fein und vornehm.
Wenn man gediegen und souverän auftreten will, kann ein Taschentuch in der Brusttasche das Tüpfelchen auf dem i sein. Vorausgesetzt man weiß, wie das Taschentuch gefaltet werden muss (Abb. 1–4).

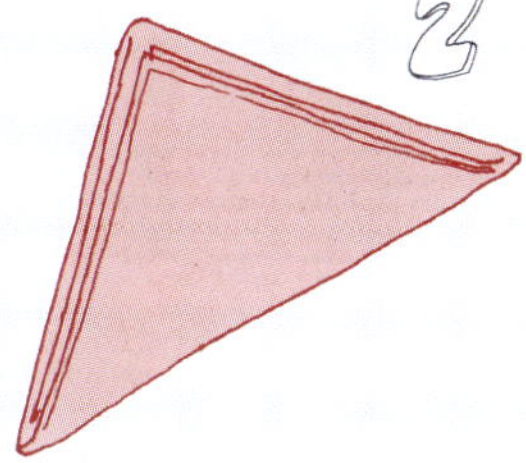
2

Zuerst knickt man das Taschentuch zu einem Dreieck. Dann klappt man die beiden Ecken der breiten Seite zur Mitte hin, sodass sie sich überlappen. So hat man ein Fünfeck mit einer Spitze gefaltet. Man dreht das Tuch um und steckt es in die Tasche. Auch hier kann es nicht schaden, wenn man das Tuch etwas zurechtzupft.

3

Natürlich spielt für das richtige Auftreten nicht nur der »saubere Kniff« eine wichtige Rolle, das Tuch sollte darüber hinaus farblich unbedingt sorgfältig mit der Krawatte oder Fliege abgestimmt werden. Häufig bieten Herrenausstatter Krawatte und Taschentuch auch schon in Kombination an. Ansonsten gilt für das Taschentuch das gleiche wie für die Krawatte: In Bezug auf die Farbe ist fast alles möglich. Das einzige Kriterium ist der eigene gute Geschmack.

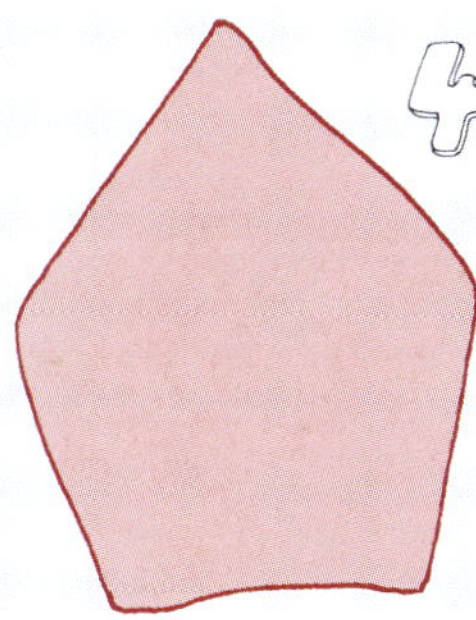
4

Einfacher Tuchknoten

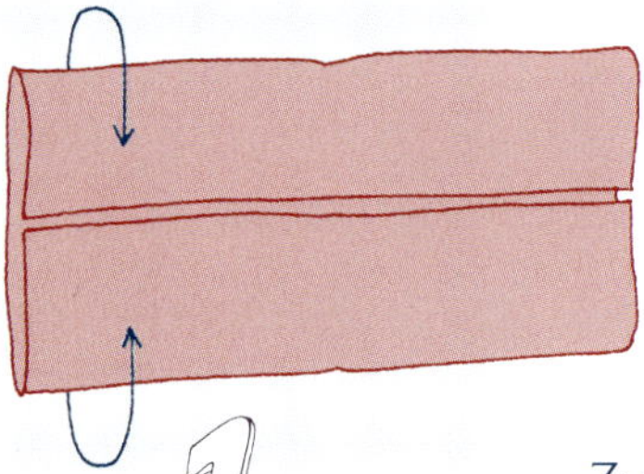

1

Zu den zahlreichen Tuchknoten, mit denen Frauen sich schmücken können, zählt auch der Einfache Tuchknoten (Abb. 1–5). Man trägt ihn am besten zu einem normalen Wollpullover. Er ist ein klassischer und sehr einfacher Knoten, der lediglich aus einem Halben Schlag besteht.

Zuerst falten Sie Ihr quadratisches Tuch auf die richtige Größe. Das Falten ist wichtig, weil dadurch bestimmt wird, wie das Tuch zum Schluss fällt. Ziehen Sie also zwei Tuchseiten so zueinander hin, dass sie sich auf der Mitte des Tuchs treffen. Dann nehmen Sie die gleichen Tuchseiten und klappen sie wieder in die Mitte. Das wiederholen Sie ein drittes Mal. Nun haben Sie ein schmales Band, das sie sich um den Hals legen können. Zum Schluss winden Sie – als würden Sie eine Schuhschleife beginnen – das linke Tuchende einmal ganz um das rechte.

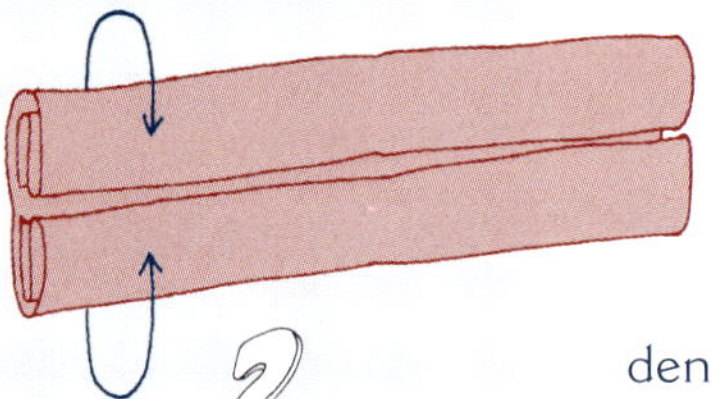

2

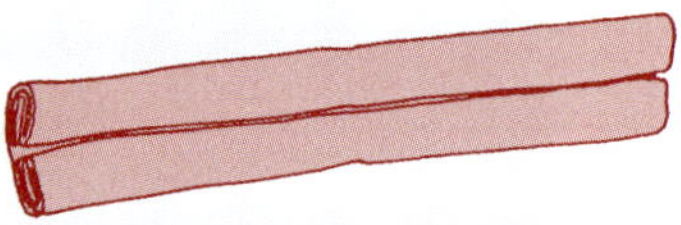

3

Wenn Sie das Tuch zurechtgezogen haben, empfiehlt es sich, diesen Knoten mit einer Nadel oder Brosche festzustecken. So müssen Sie keine Angst haben, dass sich der Knoten löst und das Tuch verrutscht. Gleichzeitig glänzen Sie mit Ihrem Schmuck.

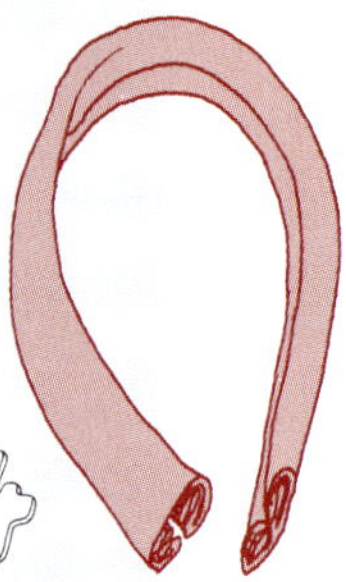

4

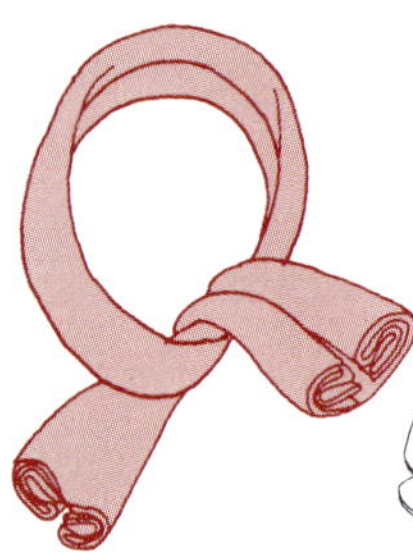

5

Eleganter Tuchknoten

Den Eleganten Tuchknoten (Abb. 1–4) trägt man gewöhnlich zum Blazer oder zur Kostümjacke, denn er bedeckt den gesamten Brustbereich. Wer seine Tücher auf diese Art bindet, signalisiert Eleganz und Schick. Sicher ist dieser Knoten eher etwas für Abendgesellschaften oder geschäftliche Anlässe.

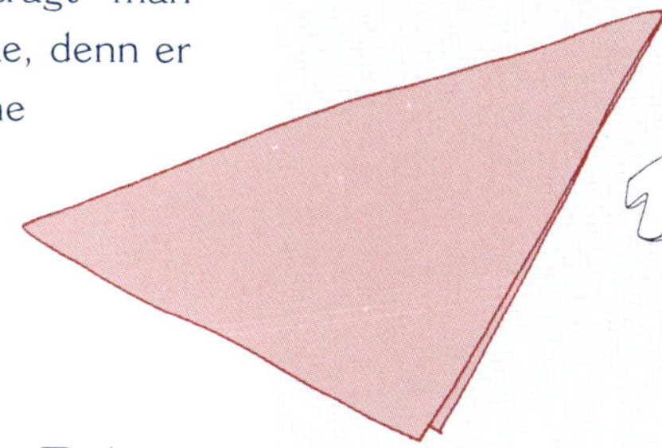

1

Sie beginnen wieder damit, Ihr quadratisches Tuch zu falten und klappen es zu einem Dreieck zusammen. Die breite Seite des Dreiecks legen Sie sich dann um den Hals, ziehen die beiden Zipfel um Ihren Nacken und knoten Sie vor dem Hals mit einem Halben Schlag – wie beim Einfachen Tuchknoten – zusammen. Anschießend ziehen Sie das unter dem Knoten liegende Tuch soweit heraus, dass der Knoten fast bedeckt ist. Wenn Sie Ihr Tuch auf diese Weise gebunden haben, wirkt es besonders schön, wenn Sie es mit einer Nadel oder Brosche schmücken.

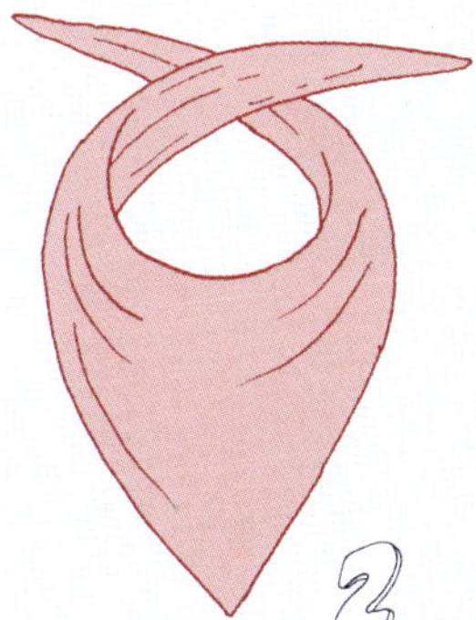

2

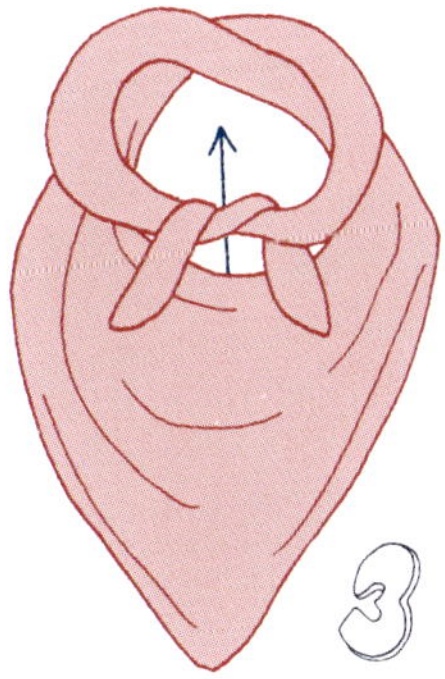

3

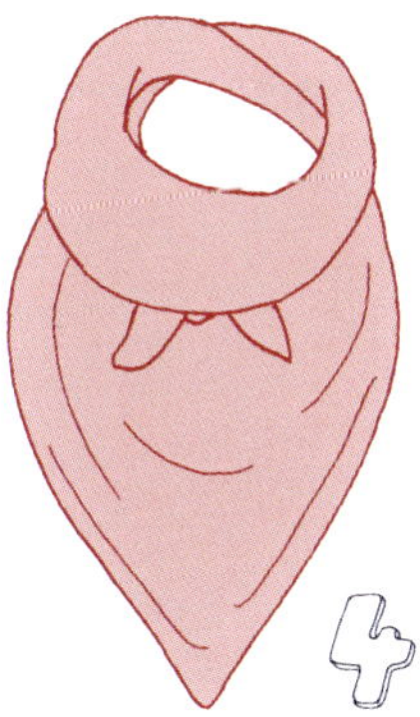

4

Schleife in ein Tuch gebunden

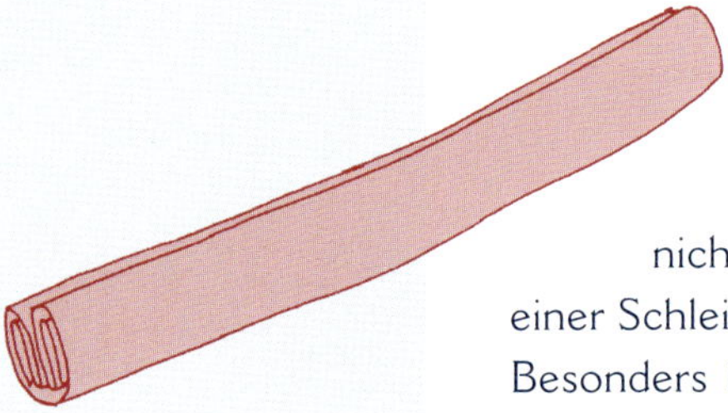

1

Die Schleife kennen Sie als nützlichen Knoten, mit dem man sich die Schuhe zubindet. Sie finden ihn im Kapitel »Alte Bekannte«. Wenn man eine Schleife in ein Halstuch bindet (Abb. 1–3), wirkt dies nicht streng wie bei einer Fliege, die auch nur aus einer Schleife besteht, sondern eher verspielt und leicht. Besonders kommt die Schleife zur Geltung, wenn Sie dazu eine Bluse oder ein Shirt mit einem etwas weiteren Ausschnitt wählen.

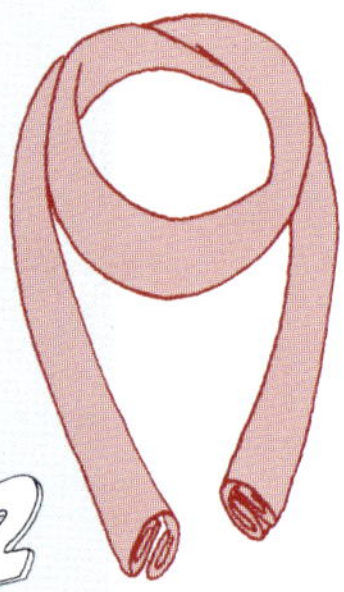

2

Für diesen Tuchknoten müssen Sie Ihr Tuch falten, bis es ein langes, schmales Band bildet. Dieses Band schlingen Sie sich einmal ganz um den Hals, wobei sich das Tuch im Nacken kreuzt. Dann knüpfen Sie mit den beiden Enden vorne seitlich am Hals eine Schleife: Sie schlingen die beiden Enden umeinander und bilden dann mit dem linken Ende eine Schlaufe, um die Sie mit dem anderen Ende herumfahren. Dann formen Sie eine zweite Schlaufe, die Sie zwischen der ersten um dem Grundknoten festziehen. Zum Schluss zupfen Sie das Tuch etwas zurecht, und es entsteht eine Form, die an eine Blumenblüte erinnert.

3

Überhandknoten in ein Tuch gebunden

Der Überhandknoten ist einer der meist verwendeten Knoten überhaupt. Viele Menschen nutzen ihn im Alltag, um beispielsweise ein Paket zu verschnüren oder einen Besen aufzuhängen. Dieser jedem bekannte Überhandknoten wirkt in ein Tuch gebunden schlicht und zurückhaltend (Abb. 1–4). Trägt man es zu einem Rollkragenpullover, ist man dezent geschmückt.

Zuerst falten Sie Ihr quadratisches Tuch zurecht. Sie schlagen dazu zwei gegenüberliegende Ecken in die Mitte, bis sie sich berühren. Darauf klappen Sie die abgeknickten Seiten wieder zur Mitte. Das setzen Sie solange fort, bis ein schmales Band entstanden ist. Jetzt knoten Sie in die Mitte dieses Bands einen Überhandknoten, indem Sie ein Auge bilden und das Band hindurch führen. Nun legen Sie sich das Band so um den Hals, dass der Überhandknoten frei liegt und gut zu sehen ist. Im Nacken knoten Sie das Tuch zusammen – am besten ebenfalls mit einem Überhandknoten.

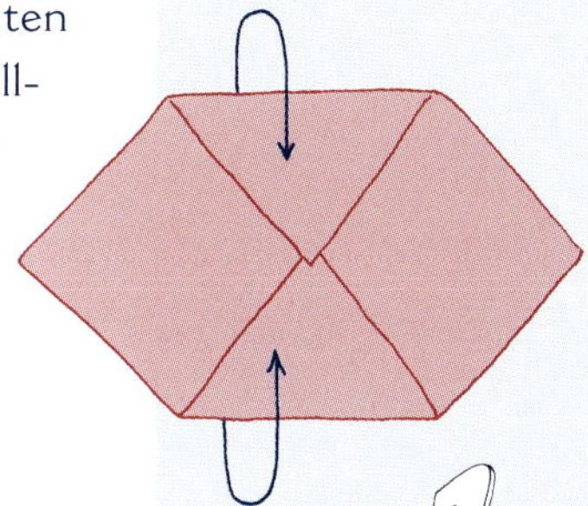

1

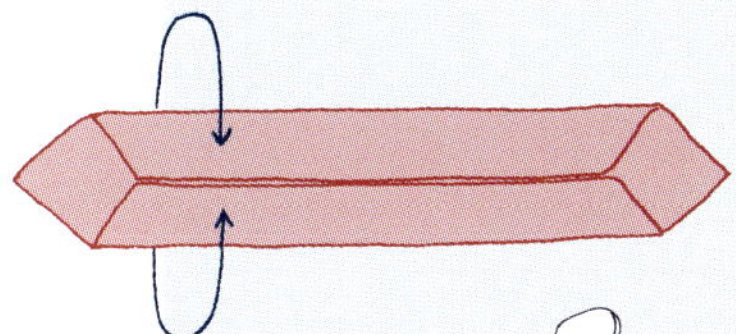

2

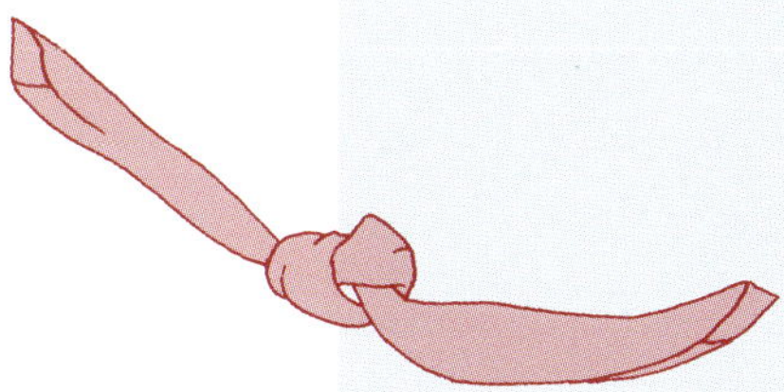

3

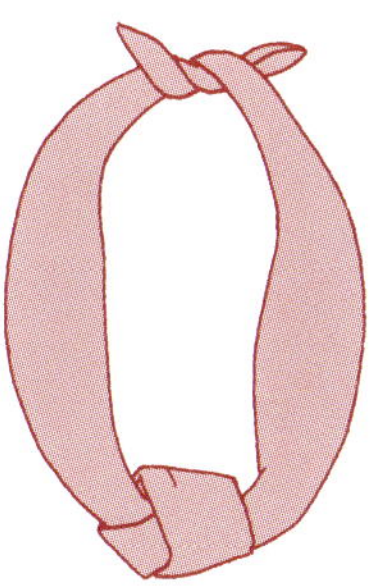

4

Verschlungenes Tuch

Ein Verschlungenes Tuch (Abb. 1–4) ist ein dezenter Schmuck, der zu jedem weiten Ausschnitt sehr gut getragen werden kann. Sie können es zu allen Anlässen wählen, die nicht hochoffiziell sind, sondern auch sportlich-schicke Kleidung erlauben.

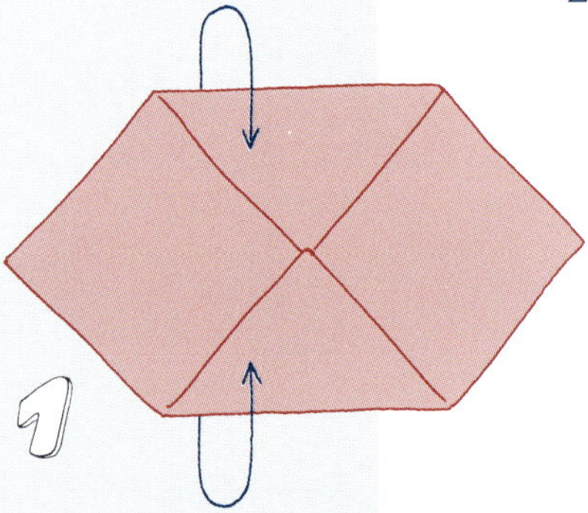

1

Um ein Verschlungenes Tuch zu binden, falten Sie Ihr quadratisches Tuch, indem Sie zwei gegenüberliegende Tuchspitzen zur Mitte ziehen.

Dann klappen Sie die gleichen Seiten erneut zur Mitte. Das wiederholen Sie, bis ein schmales Band entsteht (Abb. 2).

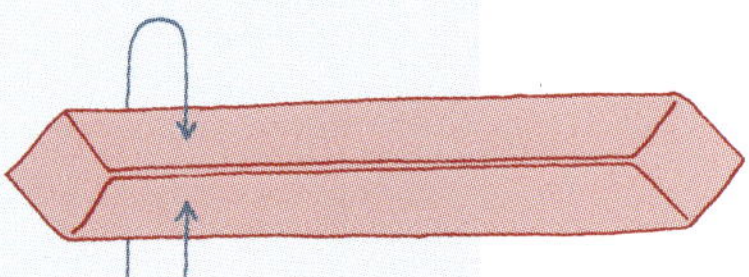

2

Legen Sie sich nun dieses Band um den Hals und winden das rechte um das linke Band. Die Enden des Bandes, die nun noch herabhängen, stecken Sie seitlich zwischen Hals und Tuch fest (Abb. 3 und 4).

Achten Sie darauf, dass Sie das Tuch nicht zu eng binden. Denn nur dann kommt das Verschlungene Tuch richtig zur Geltung.

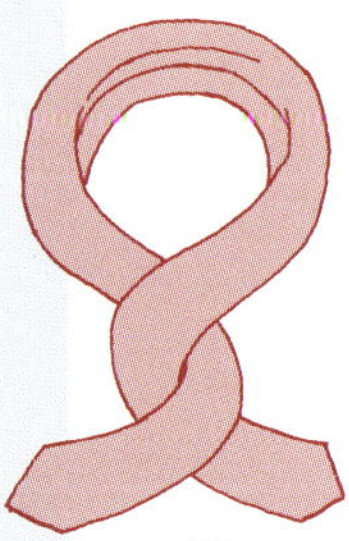

3

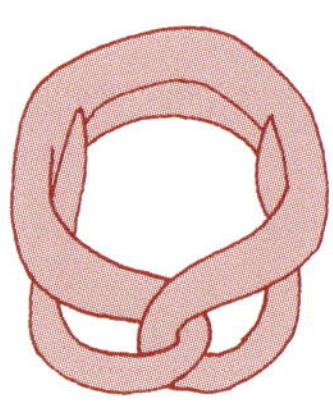

4

Kurzer Ruhm

Knoten auf Geschenkverpackungen

Geschenkverpackungen haben meist ein hartes Schicksal. Sorgfältig wird ein Buch, eine Krawatte oder ein neuer Eierkocher in buntes Geschenkpapier eingewickelt. Damit aber noch nicht genug. Nun wird eine Schnur um das Geschenk gebunden und umständlich mit einem Knoten gesichert. Das aufwändig verpackte Geschenk liegt nun einige Stunden unbeachtet herum. Dann wird es in ein fremdes Haus getragen, jemand nimmt es begeistert in Empfang und zerstört zuerst die Verpackung. Manchmal wird Geschenkpapier auch aufgehoben und mehrmals verwendet.
Aber ein Geschenkband mit komplizierten Knoten, die wirklich Mühe bereitet haben, wandern immer in den Müll, weil das Band für das nächste Geschenk bestimmt zu kurz oder zu lang ist.

Trotzdem gibt es eine ganze Reihe von Knoten, die ausschließlich dazu dienen, Geschenkverpackungen zu schmücken. Diese Knoten müssen keine Lasten tragen, sollen nichts festhalten und haben auch nicht die Aufgabe, ein Ausrauschen zu verhindern. Ihre einzige Funktion ist es, dekorativ zu sein und ein Geschenk noch attraktiver zu gestalten. Mit einer aufwändigen Geschenkverpackung zeigt man dem Beschenkten, dass man ihn mag. Eine liederliche Geschenkverpackung kann leicht dazu führen, dass der Beschenkte glaubt, auch das Geschenk sei mit wenig Herzenswärme und Sorgfalt ausgesucht worden.

Deshalb haben diese Verpackungen durchaus ihre Berechtigung, wenngleich sie schnell wieder zerstört werden. Knoten auf Geschenkverpackungen sind die Krönung der Verpackung. Deshalb lohnt es sich immer, sie sorgfältig auszuführen. Man darf nur nie enttäuscht sein, wenn die bisweilen komplizierten Gebile sofort wieder zerstört werden. Diese Knoten genießen nur kurzen Ruhm.

Japanischer Paketknoten

Der Japanische Paketknoten (Abb. 1–3) basiert auf dem Trossenstek, der im Kapitel »Zusammenknoten, was zusammengehört« (Seite 23) vorgestellt wird. Die symmetrische und gleichmäßige Form des Trossensteks bietet sich an, um daraus einen Knoten für Geschenkverpackungen zu entwickeln. Der Japanische Paketknoten kann sowohl mit Geschenk- oder Bastband als auch mit einfacher Kordel oder einem bunten Lederband gebunden werden.

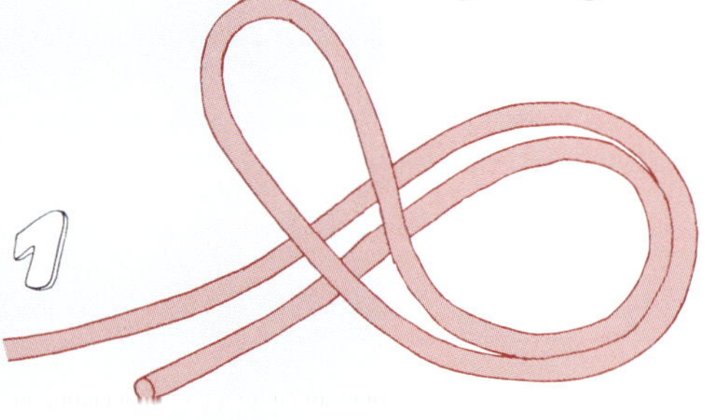

Zuerst schlingen Sie das Band um das Geschenk. Dann nehmen Sie die Enden des Bands doppelt. Legen Sie mit dem blauen Band ein Auge, wobei das Bandende oben liegt. Dann tauchen Sie mit dem roten Band unter dem gesamten blauen Auge her, überqueren die Endschlaufe des blauen Bands und unterqueren es darauf erneut. Fahren Sie in dieser Bewegung, die ans Weben erinnert fort, und ziehen Sie das rote Band über das blaue Auge. Dabei unterqueren Sie innerhalb des Auges das rote Band. Zum Schluss bearbeiten Sie die

Schlaufe so, dass sie schön rund ist. Das Gleiche tun sie mit der blauen Schlaufe.

Wenn Sie mit Geschenkband gearbeitet haben, können sie nun die Enden des Bandes in die Form eines Schwalbenschwanzes schneiden. Oder Sie stecken in den beiden Schlaufen des Japanischen Paketknotens beispielsweise Trockenblumen oder Süßigkeiten fest. Haben Sie eine Kordel verwendet, empfiehlt es sich, die Enden der Schnur mit jeweils einem Überhandknoten zu verzieren. Es sieht adrett aus und verhindert gleichzeitig ein Ausfransen der Kordel. Wie der Überhandknoten gebunden wird, können Sie im Kapitel »Alte Bekannte« (Seite 16) nachschlagen.

2

3

Schmetterlingsknoten

1

Der Schmetterlingsknoten (Abb. 1–5) zählt zu den einfacheren Knoten für Geschenkverpackungen. Man kann ihn mit Geschenkband oder mit einer mehrfarbigen Zierkordel sehr schön binden. Wenn Sie Ihre Schnur um die Verpackung gezogen haben, knoten Sie die Schnur mit einem gewöhnlichen Überhandknoten fest. Um es sich etwas leichter zu machen, klebt man auf diesen normalen Knoten später den Schmetterlingsknoten einfach auf. Den Schmetterlingsknoten binden Sie in separates Seil, das – je nachdem wie groß Sie die Schlaufen haben möchten – ungefähr 120 cm lang sein sollte. Wenn Sie schon etwas geübter sind, können Sie natürlich den Knoten sofort in die Schnur binden, mit der Sie das Geschenk eingepackt haben.

2

Der Schmetterlingsknoten wird aus drei Schlaufen geknüpft, die ineinander greifen. Sie beginnen, indem Sie die erste Schlaufe auf die Verpackung legen. Dann formen Sie zwischen den Fingern eine weitere Schlaufe und stecken ihre Spitze von unten durch die erste Schlaufe. Anschließend ziehen Sie die Schnur, diesmal ohne eine Schlaufe zu binden, von hinten durch die zweite Schlaufe und winden sie dann von unten um die erste Schlaufe herum. Zum vorläufigen Schluss stecken Sie das Band durch die zweite Schlaufe zurück. Wenn man nun den Knoten zuzieht, entstehen in der Mitte ein gleichschenkeliges Dreieck und außen zwei Schlaufen, die an Schmetterlingsflügel erinnern.

Wollen Sie den Knoten noch etwas verfeinern, so stecken Sie die das lose Ende seitlich durch die dritte und anschließend durch die erste Schlaufe. Dadurch entsteht ein dritter Schmetterlingsflügel. Trotzdem ändert sich an der mittleren Dreiecksform nichts.

Wenn man mit Geschenkband gebunden hat, wirkt es gut, das Band diagonal oder schwalbenschwanzartig anzuschneiden. Bei einer Kordel kann man zum Abschluss – wie beim Japanischen Paketknoten – einen Überhandknoten knüpfen.

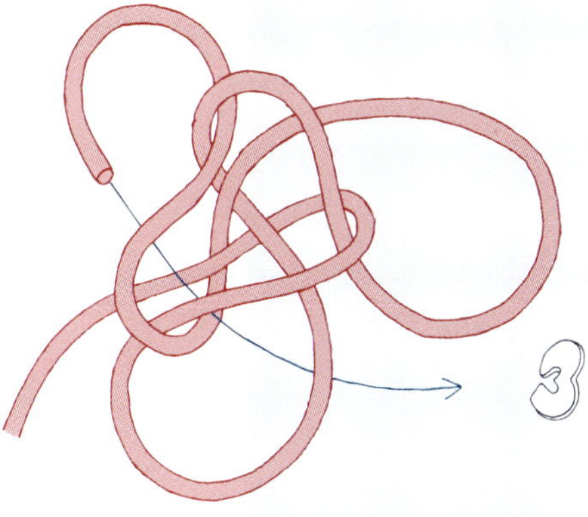

3

4

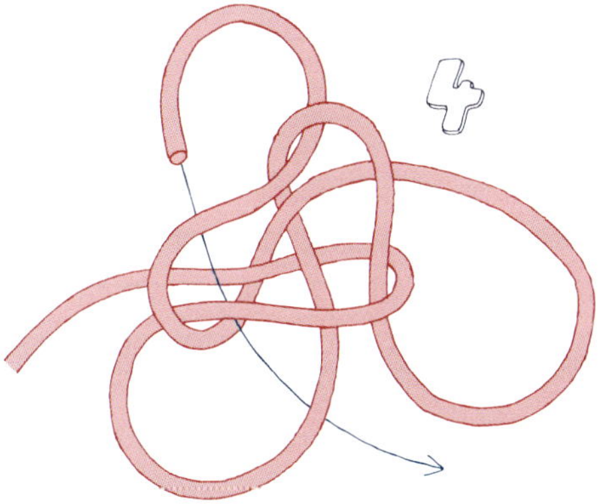

5

Fünfblättrige Mittelkrone

Die Fünfblättrige Mittelkrone (Abb. 1–4) ist eine Erweiterung des Schmetterlingsknotens. Sie besteht aus fünf ineinander greifenden Schlaufen, die zum Schluss so zusammengezogen werden, dass fünf Schlaufen entstehen, die Baumblättern ähneln. Auch hier kann man wählen, ob man den etwas einfacheren Weg wählt und die Krone separat bindet und dann auf das Geschenk klebt oder ob man den Knoten direkt in die Schnur knüpft, mit der man die Geschenkverpackung umwickelt hat. Es empfiehlt sich bei diesem Knoten, nicht allzu dickes Material zu verwenden und beispielsweise auf Zierkordeln zu verzichten. Normales Geschenk- oder Bastband, eine einfache Kordel oder auch eine schmale farbige Lederschnur eignen sich jedoch sehr gut.

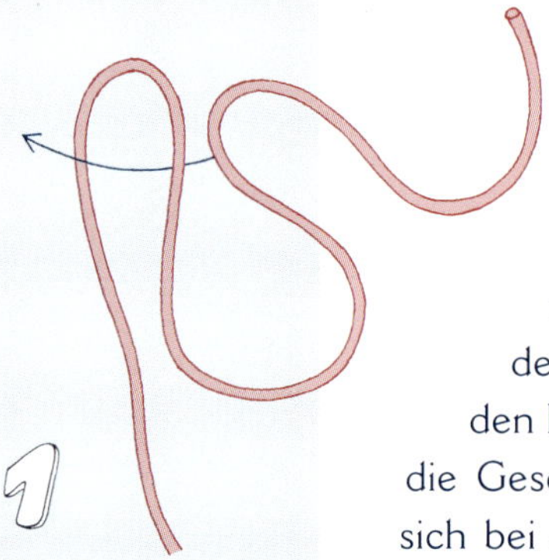

1

Man beginnt mit dem Auslegen der ersten Schlaufe. Dann gehen Sie genau wie beim Schmetterlingsknoten vor und formen zwischen den Fingern eine weitere Schlaufe, deren Spitze Sie von unten durch die erste Schlaufe herziehen. Jetzt bildet man erneut eine Schlaufe und steckt sie auf die gleiche Weise durch die gerade hergestellte zweite Schlaufe. Diesen Vorgang wiederholt man und führt eine vierte Schlaufe durch die dritte.

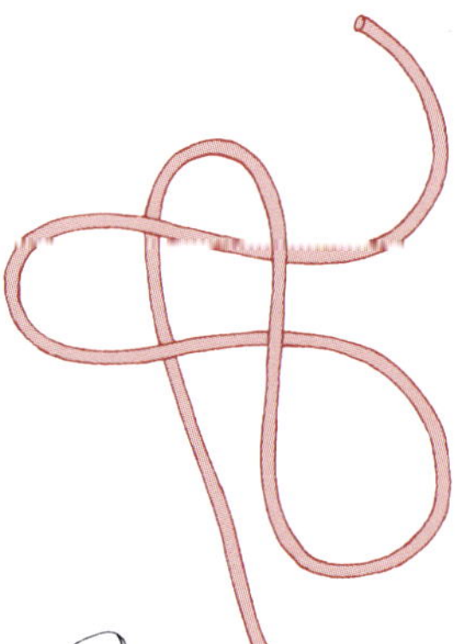

2

Nun bindet man weiter, ohne eine Schlaufe zu formen: Sie ziehen die Schnur von unten durch die vierte Schlaufe und führen sie (ebenfalls von unten) um die erste Schlaufe herum. Dann stecken Sie die Schnur von oben durch die vierte Schlaufe zurück.

Damit haben Sie eine fünfte Schlaufe gebunden. Wenn man nun den Knoten festzieht und zurechtschiebt, entstehen in der Mitte ein Fünfeck und außen vier Blattformen. Um ein fünftes Blatt zu erhalten, steckt man das lose Schnurende seitlich durch die fünfte und anschließend durch die erste Schlaufe.

3

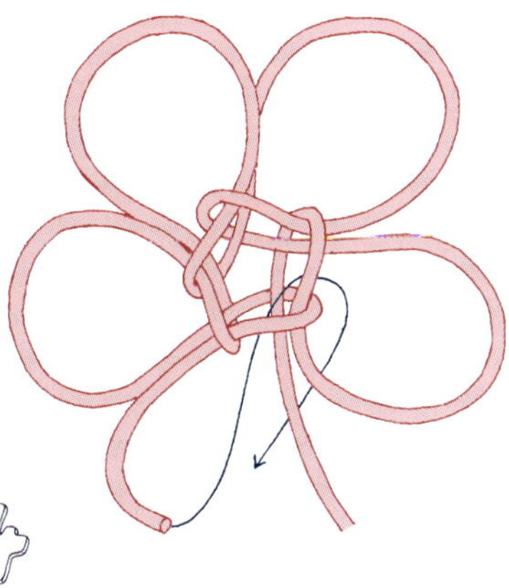

4

Kleeblattknoten

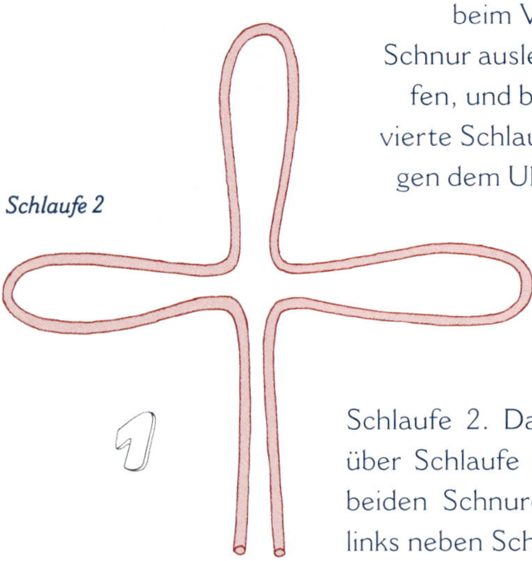

Beim Kleeblattknoten (Abb. 1–4) müssen Sie zuerst die beim Verpacken des Geschenks übriggebliebene Schnur auslegen. Legen Sie ein Kreuz aus dreiSchlaufen, und betrachten Sie die beiden Schnurenden als vierte Schlaufe. Nun klappen Sie die Schlaufen entgegen dem Uhrzeigersinn übereinander. Damit dies gut funktioniert, können Sie die Schnur einfach mit Klebeband fixieren.

Nun klappen Sie Schlaufe 1 über Schlaufe 2. Darauf zieht man Schlaufe 2 nach rechts über Schlaufe 1 und Schlaufe 3. Dann nehmen Sie die beiden Schnurenden, die Sie über Schlaufe 2 hinweg links neben Schlaufe 4 klappen. Mit Schlaufe 4 überqueren Sie anschließend die Seilenden und stecken sie in der Bucht fest, die durch das Herunterklappen von Schlaufe 1 entstanden ist. Jetzt ist der Kleeblattknoten zwar noch nicht fertig, aber man sollte ihn doch schon etwas nacharbeiten. Ziehen Sie die Schnurstücke, die jeweils um den Ansatz der Schlaufen liegen, etwas heraus. Damit bereiten Sie die achtschlaufige Endform des Knotens vor.

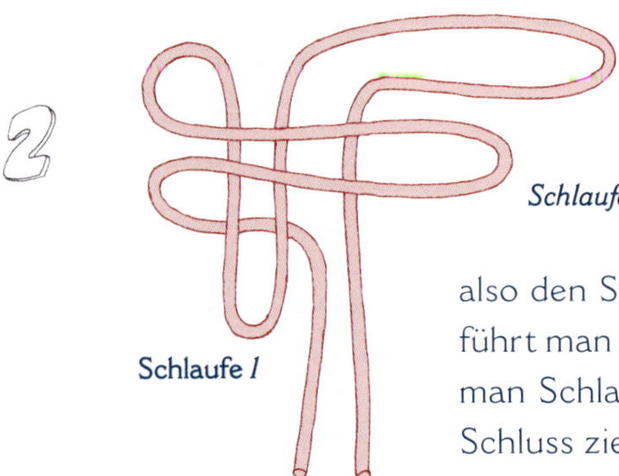

Nun werden die Schlaufen diesmal mit dem Uhrzeigersinn übereinandergeklappt. Man beginnt mit Schlaufe 3, also den Seilenden, die man über Schlaufe 2 legt. Dann führt man Schlaufe 2 über Schlaufe 3 und 1. Darauf biegt man Schlaufe 1 über Schlaufe 2 und 4 nach oben. Zum Schluss zieht man Schlaufe 4 über Schlaufe 1 und steckt sie unter den Seilenden fest.

Um sich das Ganze etwas zu vereinfachen, können Sie den Kleeblattknoten auch in eine separate Schnur binden, die nicht mit dem Geschenkband verbunden ist. Wenn der Knoten dann fertig ist, klebt man ihn einfach auf die Geschenkverpackung und überdeckt so die Stelle, wo vielleicht ein ganz kunstloser Überhandknoten die Verpackung sichert.

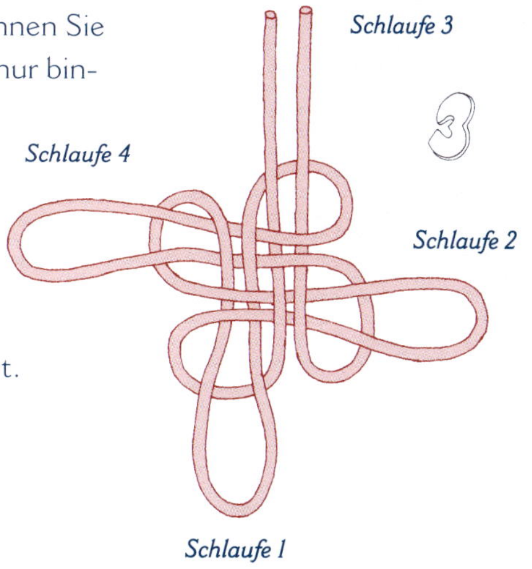

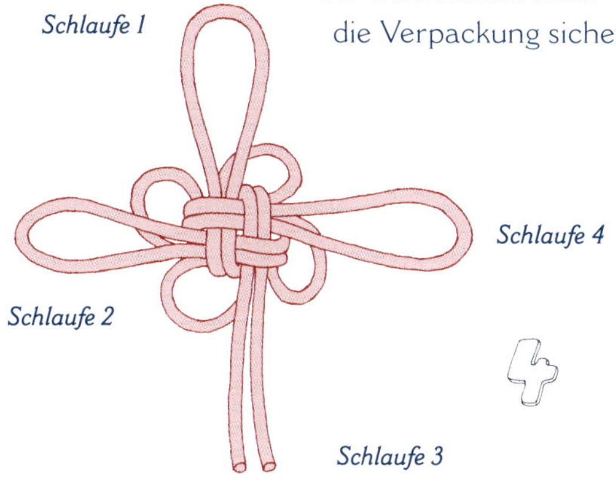

Was ist eine Krone?

Das gerade beschriebene Verfahren, Schlaufen übereinander zu klappen und damit einen Knoten zu bilden, nennt man krönen. Knoten, die durch diese Technik entstehen, werden oft als Kronen bezeichnet. Wenn Sie also auf einen Knoten stoßen, in dessen Namen das Wort Krone vorkommt, wissen Sie schon, wie dieser Knoten in etwa gebunden werden muss. Ein Beispiel für eine weitere schöne, aber mit etwas Geschick doch recht einfach zu bindende Krone ist die Krone mit vier Schlaufen, die ich Ihnen auf den folgenden Seiten vorstellen möchte.

Krone mit vier Schlaufen

Die Krone mit vier Schlaufen (Abb. 1–4) erfordert etwas Geduld. Man sieht die schöne Struktur des Knotens am besten, wenn man ihn mit einer mitteldicken, farbigen und glatten Schnur, vielleicht einer Zierkordel, bindet. Nachdem Sie die Schnur um das Geschenk gebunden haben, sollte zum Binden noch ungefähr 120 cm Schnur übrig bleiben.

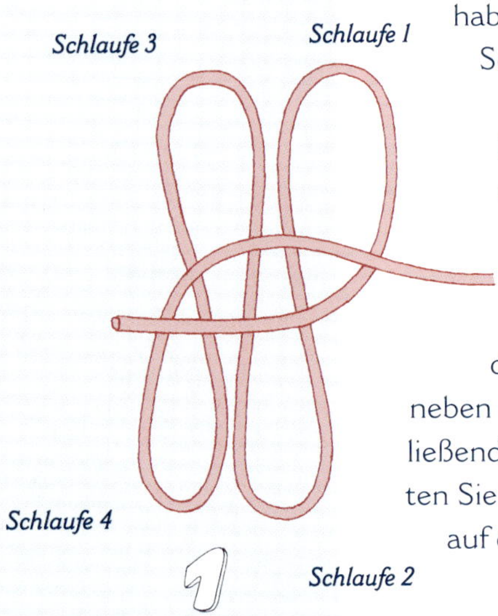

Zuerst legen Sie vier Schlaufen. Um dies zu erreichen, formen Sie die erste Schlaufe so, dass das Seilende, mit dem Sie nicht mehr arbeiten, oben liegt. Diese erste Schlaufe zeigt nach oben. Dann bilden Sie die zweite Schlaufe, die nach unten weist. Darauf formen Sie links neben der ersten die dritte Schlaufe und legen anschließend die vierte Schlaufe links neben der zweiten. Halten Sie hier inne und prüfen Sie, ob alles so aussieht wie auf der Zeichnung.

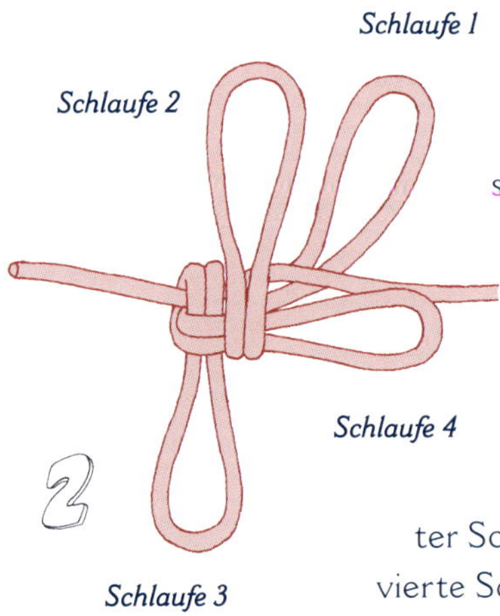

Dann ziehen Sie – ähnlich wie beim Kleeblattknoten – die entstandenen Schlaufen übereinander. Zuerst nehmen Sie die dritte Schlaufe und klappen Sie zwischen vierter und zweiter Schlaufe herunter. Die vierte Schlaufe legen Sie anschließend nach rechts über die dritte und die zweite Schlaufe. Darauf ziehen Sie die zweite Schlaufe links neben die erste nach oben.

Zum Schluss klappen Sie schließlich die erste Schlaufe über die zweite und stecken sie unter der Bucht fest, die durch das Herunterbiegen der dritten Schlaufe entstanden ist.

Sie können diese Prozedur – wie beim Kleeblattknoten – vereinfachen, wenn Sie die Krone unabhängig von der Geschenkverpackung binden und sie erst nach Fertigstellung auf das Geschenkpapier kleben. Auf welche Weise Sie Ihre Krone mit vier Schlaufen auch immer gebunden haben, Sie müssen in jedem Fall noch etwas nacharbeiten, bis die Struktur der Krone zum Vorschein kommt. Sicher aber lohnt sich diese Mühe.

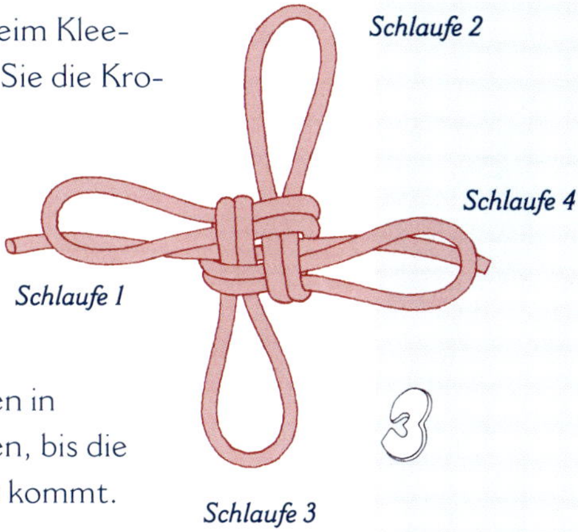

Kreuz des Südens

Das Kreuz des Südens (Abb. 1, 2) gehört zur Familie der Liebhaber- oder Liebesknoten. All diesen Knoten ist gemeinsam, dass sie aus zwei Überhandknoten bestehen, die mehr oder weniger kunstvoll miteinander verbunden sind. Wegen dieser Verknüpfung gelten die Liebhaberknoten als Symbol für Treue und Liebe. Aufgrund ihrer Symmetrie eignen sie sich in besonderer Weise dazu Geschenkverpackungen zu verzieren.

1

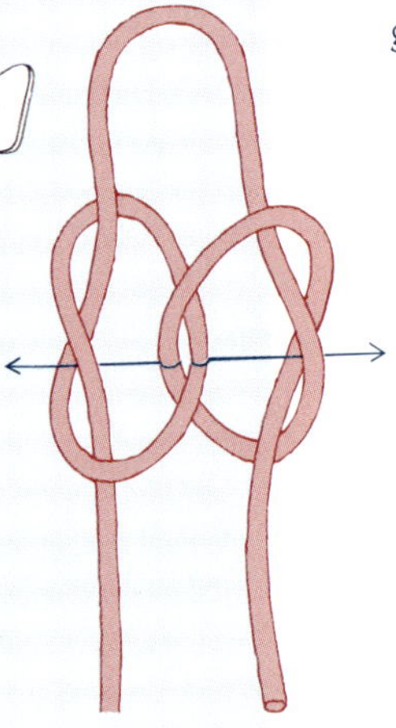

Für das Kreuz des Südens knüpfen Sie zuerst einen Überhandknoten, wobei das Seilende am Knotenausgang oben liegen muss. Dann bilden Sie eine Bucht, aus der später die obere Schlaufe des Kreuzes entsteht.

Anschließend fahren Sie von unten durch den Knoten und knüpfen den zweiten Überhandknoten so, dass das Seilende am Knotenausgang wieder oben liegt.

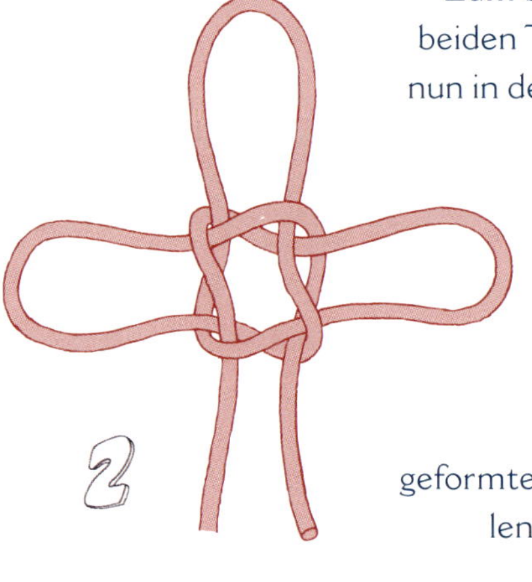

2

Zum Schluss ziehen Sie die beiden Teile des Knotens, die nun in der Mitte liegen, durch die jeweiligen Knoten hindurch nach außen. Dadurch entstehen zwei weitere Schlaufen, die zusammen mit der zuerst geformten Bucht und den Seilenden ein Kreuz bilden.

Zeichen der Verbundenheit

Liebhaberknoten und Trossenstek als Armreifen

Auf Rummelplätzen, an Kiosken und Tankstellen, in den Fußgängerzonen der Großstädte und sogar in Kaugummiautomaten: Überall bekommt man billigen, kitschigen und vollkommen wertlosen Schmuck. Dabei lässt sich ansprechender Schmuck beispielsweise für die Enkelin oder die erste Freundin leicht selbst herstellen. Um interessante Armreifen zu gestalten, braucht man nur versilberten oder vergoldeten Draht, einen der vielen Liebhaber- oder Liebesknoten, einen Trossenstek und einen Lötkolben.

Es gibt sicher ein Dutzend so genannter Liebhaber- oder Liebesknoten, die alle gemeinsam haben, dass sie aus zwei ineinander verknüpften Überhandknoten bestehen. Ein Liebhaberknoten ist deshalb eigentlich immer zweigeteilt und meist symmetrisch. Diese Form macht ihn zu einem Symbol für Treue.
Neben zwei Liebhaberknoten wird in diesem Kapitel gezeigt, wie der Trossenstek (vgl. Seite 24f.) zum Herstellen eines zweiteiligen Armreifs genutzt werden kann. Er bietet sich zum Herstellen von Schmuck an, da er aufgrund seiner Symmetrie sehr schön aussieht. Er wirkt zudem sehr viel komplizierter als er tatsächlich ist: Er besteht nur aus zwei Schlaufen, die ineinander greifen. Obwohl der Trossenstek normalerweise nicht mit Treue oder Verbundenheit in Zusammenhang gebracht

wird, kann er aufgrund dieser Eigenschaften doch die gleiche Symbolkraft entfalten wie ein Liebhaberknoten. Ob ein schöner Armreif gelingt oder nicht, liegt letztlich nicht nur am Knoten, sondern auch an Geduld und Geschick des »Goldschmieds«. Wer besonders geschickt ist, kann die gleichen Knoten verwenden, um Fingerringe herzustellen. Das ist allerdings schwieriger, weil alles viel kleiner gearbeitet werden muss.

Eine Liebesgeschichte

Schon für das 17. Jahrhundert kann man den Namen Liebhaberknoten nachweisen. Alle Knoten dieser Gruppe sind Erfindungen von Seeleuten. Sie produzierten die Knoten als Schmuck für ihre Bräute und Frauen als Zeichen der Verbundenheit.

Diese Bedeutung spiegelt sich auch in folgender Geschichte: Ein Matrose verliebte sich bei einem Landgang in eine schöne Frau. Da er ein schlechter Redner, aber eine großer Knoten-Meister war, entschied er sich, mit seiner Angebeteten in der Sprache der Knoten zu sprechen. Er band zwei Liebhaberknoten mit einigem Abstand nebeneinander in ein Seil und schickte es der Frau.

Die schöne Frau hatte nun drei Möglichkeiten: Sie konnte die Knoten lösen und das Seil zurückschicken, was bedeuten würde, dass sie nichts von dem Matrosen wissen wolle. Oder sie konnte die Knoten ganz nah nebeneinander neu knüpfen, was dem Matrosen sagen würde, dass er sofort kommen solle, um sie zu heiraten. Oder sie konnte das Seil zurückschicken, ohne etwas zu verändern, was die Bedeutung haben würde, dass sie sich noch nicht entscheiden könne. Bevor sie jedoch ihre Antwort formulieren konnte, sah sie, wie das Schiff des Matrosen den Hafen verließ. Deshalb weiß niemand, ob die beiden später ein Paar geworden sind.

Echter Liebhaberknoten
(Erste Variante)

Um mit Hilfe dieses Liebhaberknotens einen doppelten Armreif (siehe nebenstehende Abbildung) zu gestalten, messen Sie zuerst zwei gleich lange Drahtstücke ab. Beide Stücke müssen Sie sich sehr gut um die dickste Stelle des Handgelenks legen können. Nehmen Sie lieber etwas mehr Draht, denn er verkürzt sich durch den Knoten etwas.

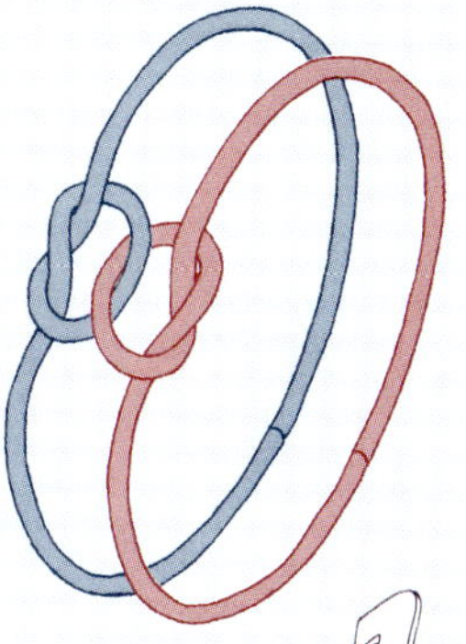

1

Man nimmt das erste Drahtstück und biegt genau in die Mitte einen Überhandknoten (Abb. 2, 3) hinein, wobei das Drahtende, mit dem man knüpft, am Knotenausgang oben liegt. Biegen Sie ihn so zurecht, dass seine Form gut sichtbar ist und Sie noch einen zweiten Draht hindurch stecken können. Jetzt lötet man die beiden Enden zu einem Ring zusammen.

Das zweite Stück Draht führt man von unten in den ersten Überhandknoten hinein und produziert einen zweiten Überhandknoten, bei dem das Drahtende am Knotenausgang wieder oben liegen muss. Nun löten Sie auch den zweiten Ring zusammen. Die Ringe lassen sich unabhängig voneinander bewegen, können aber nicht getrennt werden. Ein perfektes Symbol für Freundschaft und Liebe.

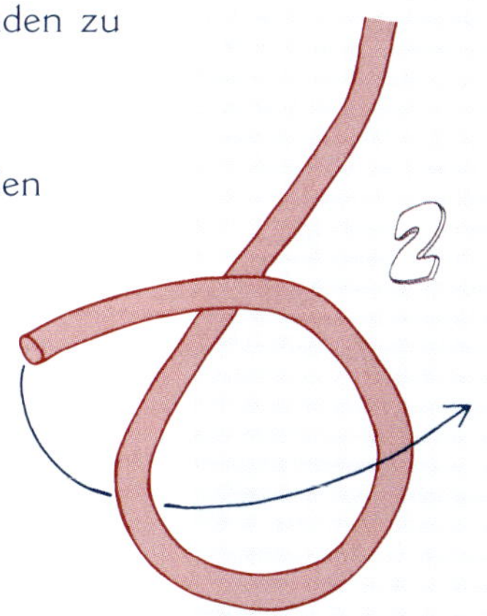

2

3

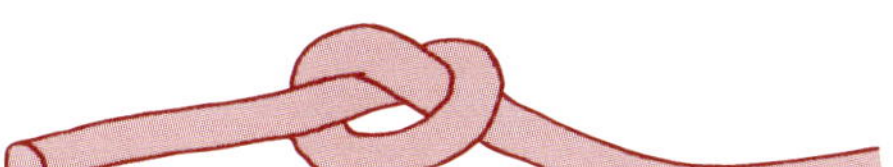

Echter Liebhaberknoten

(Zweite Variante)

Dieser doppelte, in sich nicht bewegliche Armreif wird ebenfalls aus einem Liebhaberknoten (Abb. 1–3) hergestellt, man benötigt aber nur einen Draht. Messen Sie ihn so ab, dass er etwas mehr als zweimal um Ihr Handgelenk passt.

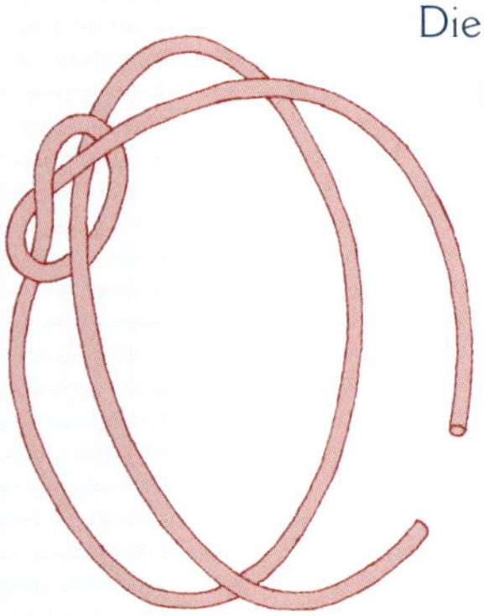

1

Biegen Sie vor das letzte Viertel des Drahtes einen Überhandknoten, wobei das Drahtende im Knotenausgang oben liegt. Stecken Sie das längere Drahtende von unten so in den Überhandknoten, dass es, wenn es aus dem Knoten oben herauskommt, die gleiche Länge hat wie das kürzere Ende. Ein erster Armreif ist entstanden, dessen Größe Sie schon jetzt überprüfen sollten. Nun biegen Sie dasselbe Ende nach hinten weg und führen es entlang des ersten Reifs bis es genau gegenüber dem Überhandknoten liegt. So entsteht die erste Hälfte des zweiten Reifs.

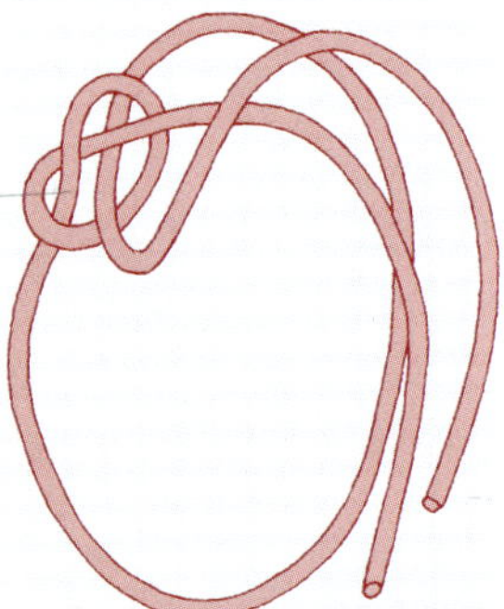

2

Jetzt winden Sie das andere Drahtende von unten her um das gerade fertige Stück herum und führen es dann in den Scheitelpunkt des zweiten Reifs, wo Sie das andere Ende schon platziert haben. Damit haben Sie auch den zweiten Reif vervollständigt und müssen die beiden Enden nur noch verlöten.

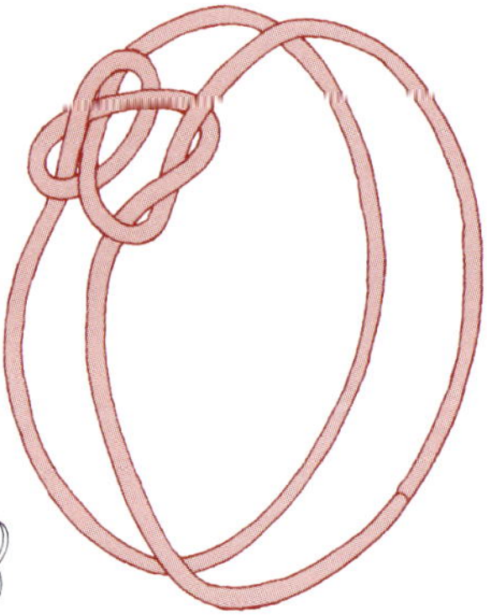

3

Trossenstek

Auch mit Hilfe des Trossensteks (vgl. Seite 24f.) lässt sich ein schöner doppelter Armreif herstellen (Abb. 1–3). Hier wird jedoch wieder mit zwei verschiedenen, genau gleich langen Drähten gearbeitet. Dazu müssen beide Stücke so lang sein, dass sie jeweils etwas mehr als einmal um das Handgelenk passen.

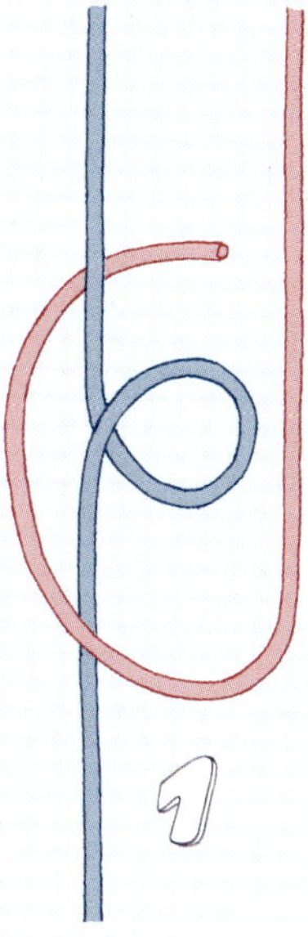

1

Man legt genau in die Mitte eines Drahtes ein kleines Auge. Wenn Sie den Draht vor sich hinlegen, weist das Auge nach rechts und das Ende, das auf Sie zukommt, überquert den Draht.
Nun nimmt man den zweiten Draht und platziert ihn direkt neben dem ersten. Dabei achtet man darauf, dass die beiden oberen Drahtenden genau auf der gleichen Höhe sind. Nun biegen Sie den zweiten Draht außerhalb des Auges über den ersten Draht, dann tauchen Sie unter ihm her. Darauf führen Sie den zweiten Draht von oben in das Auge, tauchen unter dem Draht, mit dem Sie arbeiten her, und überqueren die andere Seite des Auges. Der Rest des Drahtes müsste noch gerade so lang sein, dass er bis zum Ende des anderen Drahtes reicht. Arbeiten Sie den Knoten nunmehr in eine schöne Form und löten Sie die Drähte zu zwei Armreifen zusammen.

2

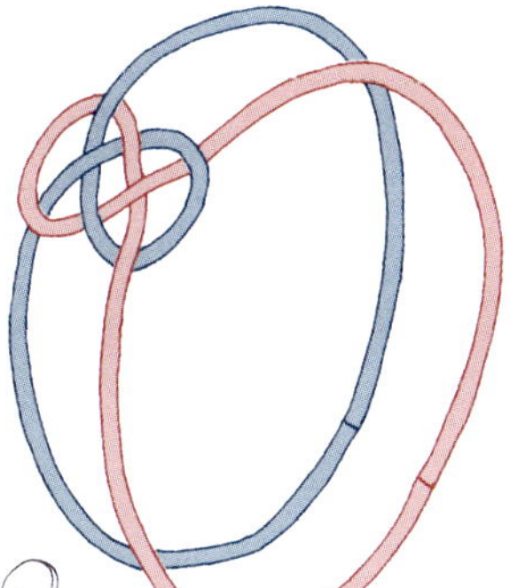

3

Chinesische Nachtwäsche und Türkischer Turban

Knoten für Knöpfe, Griffe und Untersetzer

Wenn ein Chinese ins Bett geht, ist die Wahrscheinlichkeit groß, dass er seinen Pyjama mit einem Knopf verschließt, den man Chinesischen Knopfknoten nennt. Noch heute sind in China Knöpfe an Unter- und Nachtwäsche recht verbreitet, die aus einem Knoten bestehen. Chinesische Knopfknoten bindet man, indem man zuerst die Schnur ausgelegt und dann den Knoten solange zurechtzieht und nacharbeitet, bis eine rundliche, symmetrische und sehr schöne Form entsteht. Weil diese Knoten sehr dekorativ und nützlich sind, sollen hier zwei verschiedene Chinesische Knopfknoten vorgestellt werden. Benutzt man bei diesen beiden Varianten Kordel oder Lederschnüre zum Knüpfen, entstehen Knöpfe, die den Vorteil haben, dass sie viel weicher sind als Knöpfe aus Plastik oder Horn. Auch in Europa hat sich der Knopfknoten als Accessoire vor allem in der Trachtenmode durchgesetzt.

Ein anderer Knoten, der ebenfalls einen exotischen Namen trägt und nützliche mit dekorativen Eigenschaften vereint, ist der Türkische Bund. Sein Name rührt vermutlich daher, dass er von der Form her an einen Turban erinnert, wie er früher in der Türkei getragen wurde. Mit Hilfe dieses Knotens können Sie Griffe für alle möglichen zylindrischen Gegenstände oder Untersetzer und

Matten herstellen. Überall, wo menschliche Hände Halt finden sollen, kann man mit dem Türkischen Bund einen schönen Griff herstellen. Neben seiner Nützlichkeit glänzt der Türkische Bund immer auch als Schmuckknoten, dessen Formschönheit man sich besonders bei der Herstellung von Untersetzern zu Nutze machen kann. Der Knoten hat eine verschlungene, weiche und sehr ausgewogene Form. Es gibt einige Varianten dieser Knotenart, von denen hier zwei gezeigt werden. Bevor Sie beginnen, Türkische Bünde oder Chinesische Knopfknoten zu binden, legen Sie sich eine kleine Zange oder ein Pinzette zurecht: Die Werkzeuge helfen bisweilen beim Nacharbeiten dieser Knoten.

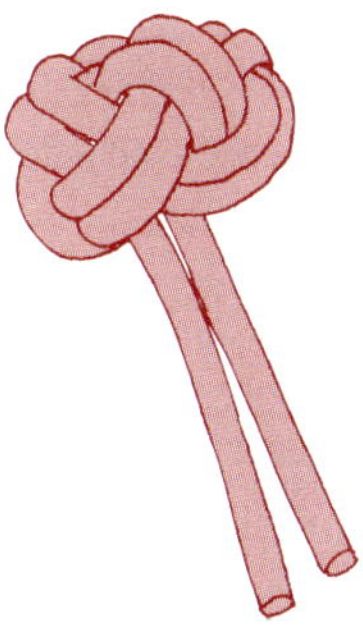

Doppelter Chinesischer Knopfknoten *(Seite 107)*

Türkischer Bund als Flachknoten *(Seite 111)*

Chinesischer Knopfknoten

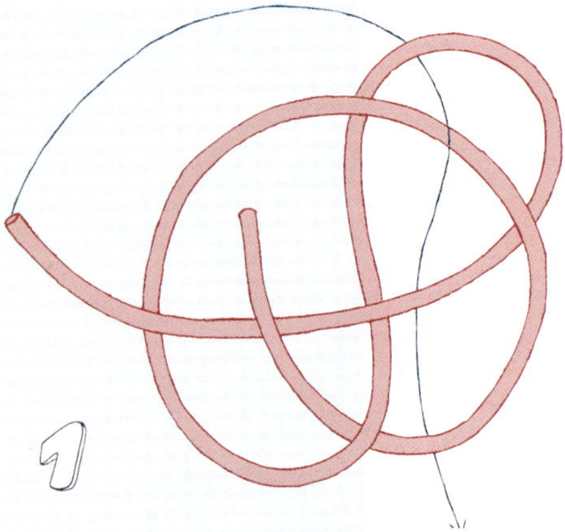

Um diesen Chinesischen Knopfknoten (Abb. 1–4) zu knüpfen, legen Sie zuerst eine Spirale, die sich nach links auswickelt und sich unten deutlich so überkreuzt, dass das Anfangsstück unten liegt. Anschließend schieben Sie ein Auge, bei dem das Seilende oben platziert wird, rechts oben unter diese Spirale. Dann führen Sie das Seil unter dem Anfangsstück her, überqueren links die Spirale und stecken das Seil von unten durch das Auge. Abschießend zieht man die Schnur über die Spirale und direkt wieder in das Auge. Sie können leicht prüfen, ob Sie die Schnur richtig ausgelegt haben: Sie muss immer abwechselnd über und unter einem anderen Seilstück verlaufen.

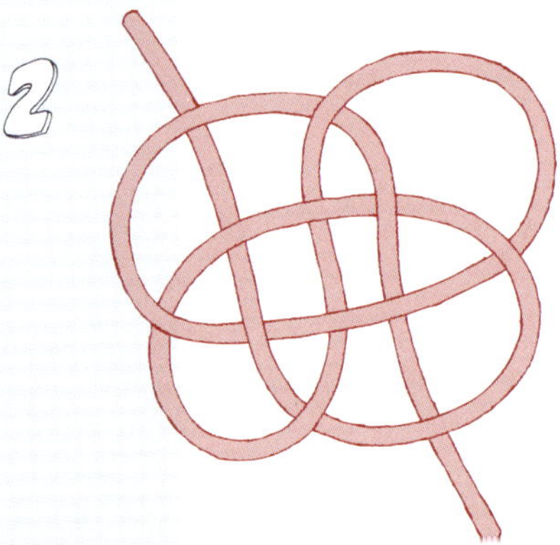

Nachdem man die Schnur so ausgelegt hat, zieht man beide Schnurenden nach unten und nimmt den Knoten am besten in die Hand Man muss nun langsam und vorsichtig zuziehen. Im ersten Schritt sollten Sie den Knoten immer flach halten. Ziehen Sie vor allem die Knotenränder gleichmäßig fest. Dadurch steigt die Mitte des Knotens fast automatisch nach oben. Zum Schluss muss sich eine runde Form ergeben.

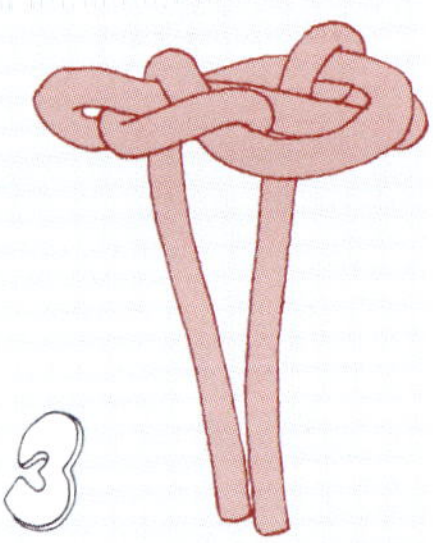

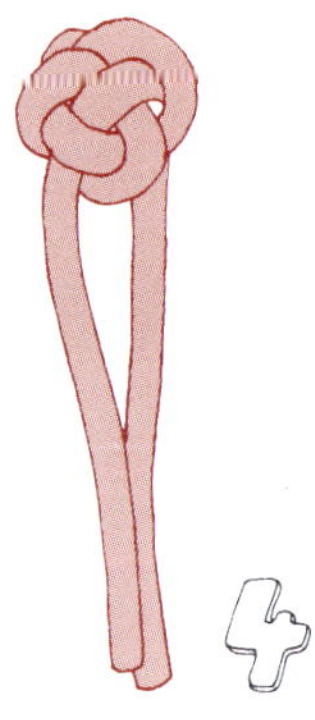

Doppelter Chinesischer Knopfknoten

An den Doppelten Chinesischen Knopfknoten (Abb. 1–3) sollten Sie sich erst heranwagen, wenn Sie den normalen Chinesischen Knopfknoten bereits beherrschen. Man beginnt, indem man auf die gleiche Weise wie beim normalen Knopfknoten die Schnur auslegt: Zuerst bildet man eine Spirale, die sich nach links auswickelt und sich unten deutlich so überkreuzt, dass das Anfangsstück unten liegt. Anschließend schieben Sie ein Auge, bei dem das Seilende oben platziert wird, rechts oben unter diese Spirale. Dann führen Sie das Seil unter dem Anfangsstück her, überqueren links die Spirale und stecken das Seil von unten durch das Auge.

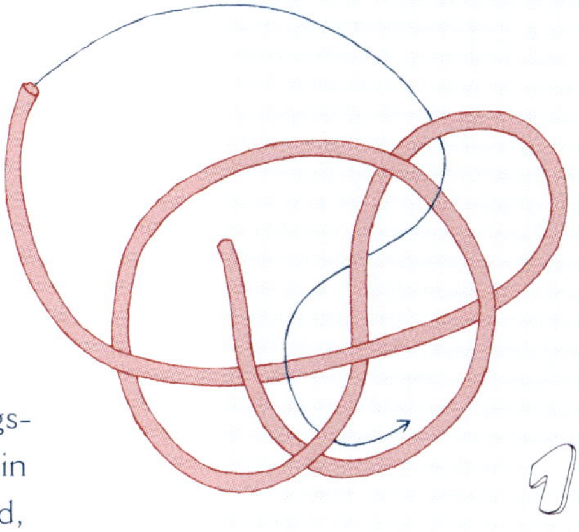

Nun zieht man die Schnur über die Spirale, wieder in das Auge hinein und endet genau am Anfangsstück. Man beginnt wieder von vorne und bildet nochmals die gleiche Form, indem man an dem schon ausgelegten Seil erneut entlangfährt.

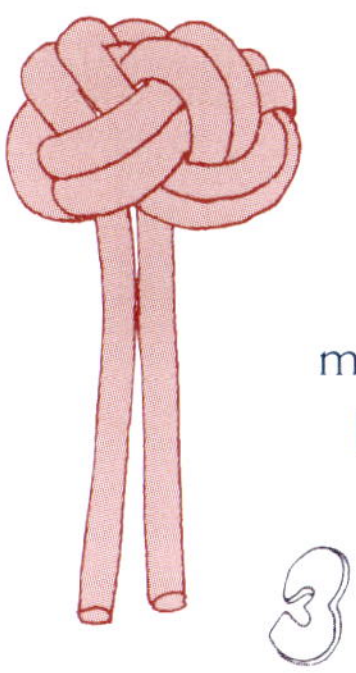

Beim Zuziehen und Nacharbeiten muss man beim Doppelten Chinesischen Knopfknoten besonders darauf achten, dass die beiden Schnüre immer parallel liegen. Nur dann ergibt sich eine schöne Form.

Türkischer Bund

Am Anfang knotet man diesen Türkischen Bund (Abb. 1–5) am besten um die Handfläche herum. Später nimmt man ihn von der Hand ab und stülpt ihn über den Gegenstand, den man mit einem Griff versehen will.

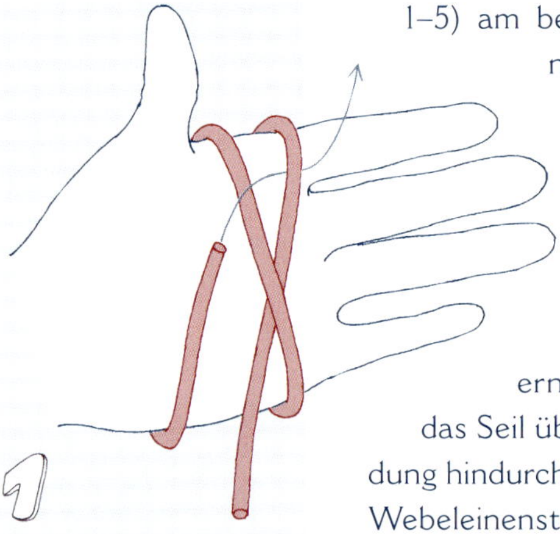

Sie schlingen das Seil also einmal um die Hand, führen das Seilende über das Seil nach links und umrunden Ihre Hand erneut, wobei Sie mit dem Seilende wieder das Seil überqueren und dann unter der ersten Windung hindurchtauchen. Damit haben Sie zunächst einen Webeleinenstek (siehe Seite 40) geknotet, der zum Schluss nach rechts verzogen wird.

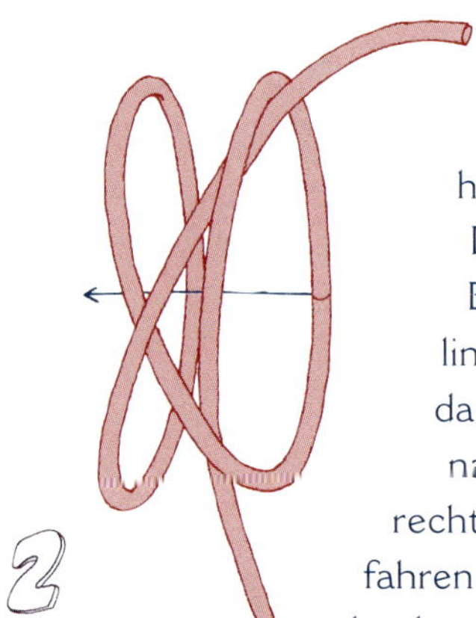

Nehmen Sie nunmehr die Schnur in diesem Zustand von der Hand: Sie haben einen Knoten mit zwei Buchten vor sich. Die rechte Bucht schieben Sie durch die linke Bucht. Darauf ziehen Sie das Seilende von außen um die nach der Verschiebung weiter rechts liegende Bucht herum und fahren durch die andere Bucht hindurch nach links unten.

Jetzt stecken Sie den ganzen Knoten über den Gegenstand, der den Griff erhalten soll. Sie zurren das Seil so fest, dass es sich noch leicht um den Gegenstand bewegen lässt, denn Sie brauchen für die nächsten Arbeits-

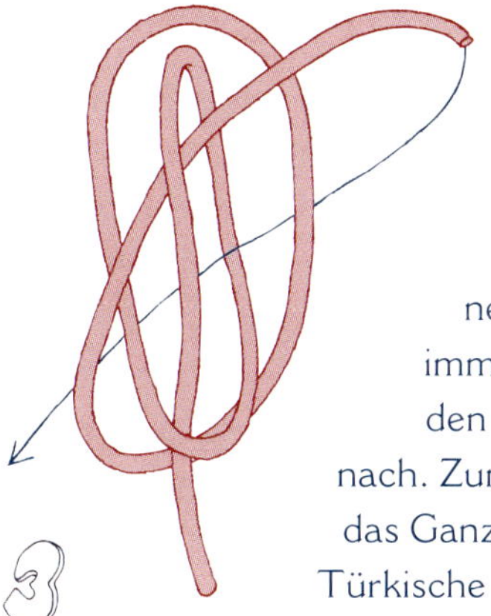
3

gänge noch viel Spiel. Man arbeitet nun mit dem Seilende weiter und sucht den Punkt, wo man den Türkischen Bund begonnen hat. Von hier fährt man immer parallel am Seil entlang den ganzen Bund noch einmal nach. Zum Schluss wiederholt man das Ganze noch einmal, sodass der Türkische Bund augenscheinlich aus drei nebeneinander verlaufenden Seilen zu bestehen scheint.

Bevor Sie fertig sind, müssen Sie den Bund noch so bearbeiten, dass er fest und eng am Gegenstand liegt. Hier leistet eine kleine Zange gute Dienste. Die beiden Seilenden klemmen Sie unter dem nächstgelegenen Kreuzungspunkt fest.

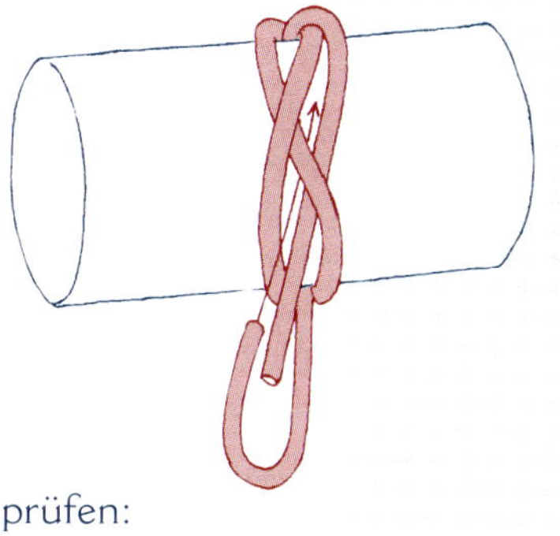
4

Einen Türkischen Bund können Sie leicht prüfen: Wenn das Seil immer abwechselnd über oder unter einem anderen Seilstück liegt, haben Sie richtig gebunden.

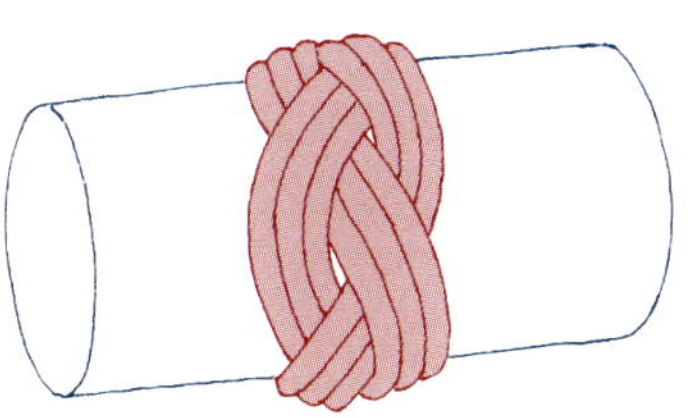
5

Türkischer Bund als Flachknoten

Dieser Türkische Bund (Abb. 1–5) wird als Flachknoten geknüpft: Man knotet also keinen Griff, sondern einen kleinen, runden Untersetzer.

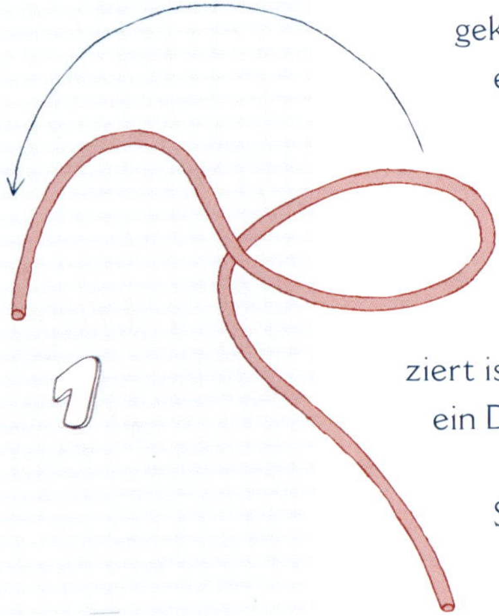

Sie formen nicht ganz am Anfang der Schnur ein Auge, wobei das Seilende unten liegt. Dieses Auge legen Sie über das Anfangsstück des Seils, sodass das Seilende jetzt oben platziert ist. Sie sehen nun zwei Buchten und in der Mitte ein Dreieck vor sich.

Sie zielen nunmehr von oben in das Dreieck, unterqueren das Anfangsstück und fahren über die linke Bucht hinweg. Durch diese Bewegung ist eine neue Bucht entstanden. Darauf stecken Sie das Seil von unten in die erste rechte Bucht hinein, führen es von oben in das Dreieck hinein und unterqueren die zu Ihnen hin liegende Seite des Dreiecks.

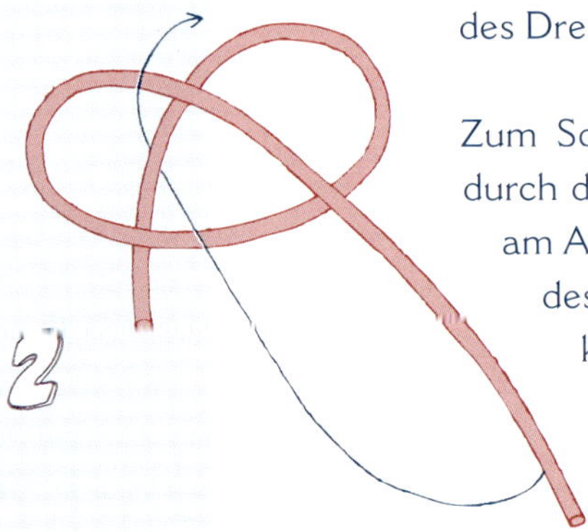

Zum Schluss führen Sie das Seil von unten durch die neu entstandene Bucht und enden am Anfangspunkt. Damit ist die Grundform des Untersetzers fertig. Auch dieser Türkische Bund muss regelmäßig geknüpft sein: Wenn die Schnur nicht immer abwechselnd über und unter einem anderen Seilstück verläuft, haben Sie einen Fehler gemacht.

Anschließend fahren Sie immer parallel am Seil entlang den ganzen flachen Türkischen Bund noch einmal nach,

sodass sich eine Verdoppelung des Seils ergibt. Dann wiederholen Sie diesen Vorgang, bis drei Schnüre parallel verlaufen.

Zum Schluss klemmen Sie Anfangs- und Endstück am nächstgelegenen Kreuzungspunkt fest. Auch hier muss mit viel Vorsicht nachgearbeitet werden.

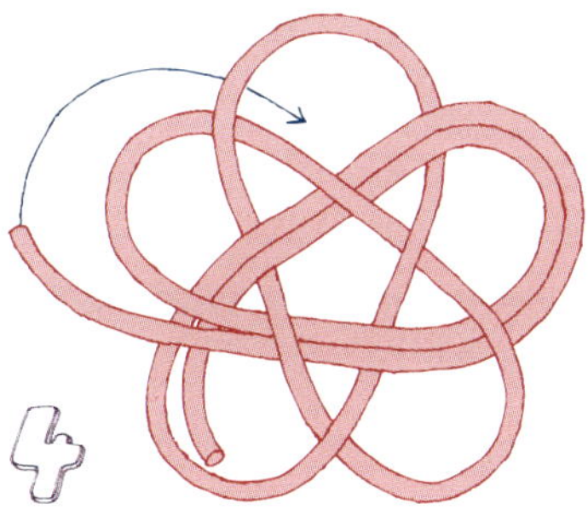

Matten

Die Kunst des Mattenknüpfens besteht in der Verbindung vieler kunstvoll geknüpfter Untersetzer, die mit passendem Garn zusammengenäht werden. Mehr als jede andere Form des Knotenknüpfens zu Schmuckzwecken eröffnen Matten die Möglichkeit, zahlreiche unterschiedliche Muster und Kreationen zu schaffen. Verlieren Sie jedoch nicht die Geduld, wenn es nicht gleich beim ersten Mal hundertprozentig klappt – manche Muster erfordern viel Geschick und Zeit.

Hobby der Matrosen – Plattings

Plattings sind besondere Flechtarbeiten, die ursprünglich nur von Matrosen hergestellt wurden. Es gibt zahlreiche Arten von Plattings. Diese kleinen Kunstwerke werden mit einer, zwei, drei oder noch mehr Schnüren geflochten. Sie sind rund, eckig, spiralförmig oder flach, und sie können sehr kunstvoll geflochten werden oder durch ihre Einfacheit bestechen. Sie werden als englische, französische, portugiesische oder russische Plattings bezeichnet. Nie aber bindet man sie mit mehr als neun Schnüren. Um diese Vielfalt überschaubar zu machen teilt man Plattings in drei Gruppen ein:

Gruppe 1
Plattings, bei denen es egal ist, ob man eine gerade oder eine ungerade Zahl von Schnüren benutzt.

Gruppe 2
Plattings, die mit einer geraden Anzahl von Schnüren hergestellt werden.

Gruppe 3
Plattings, die nur mit einer ungeraden Anzahl von Schnüren geflochten werden können.

Woher die Plattings kommen

Matrosen waren und sind oft wochenlang auf See. Obwohl Sie harte Arbeit leisteten, hatten sie manchmal dienstfreie Zeiten, die sie während der Reise natürlich auf dem Schiff verbringen mussten. Um sich die Zeit zu vertreiben, begannen sie zu knoten und zu flechten. Denn als es noch keine Dampfschiffe gab, lagen auf jedem Schiff Seile herum, die nicht mehr gebraucht wurden. Aus diesen stellten die Matrosen ihre Flechtarbeiten, die Plattings, her.

Plattings sind sehr dekorativ und eignen sich gut, um beispielsweise Gürtel, Armbänder oder einfach Zöpfe und Matten zu flechten. Bindet man seine Platting an einen Ring, um beispielsweise eine Hundeleine herzustellen, so muss man die Schnüre doppelt so lang abmessen als für eine normale Platting. Die Schnüre werden dann mit einem Kuhstek an den Ring gebunden, sodass sie in der Mitte geteilt werden und sich so verdoppeln. Bei normalen Plattings knotet man am Anfang einfach alle Stränge zusammen, verrichtet seine Flechtarbeit, bindet zum Schluss ab und geht erst dann an die Verschönerungsarbeiten.

Besonders wichtig ist, dass man sich vorher überlegt, wie lang die Platting werden soll. Denn dementsprechend muss man seine Schnüre abmessen. Dabei gilt die Faustregel, dass die Schnüre ungefähr 40 % länger sein müssen als die geplante Platting. Daran sieht man, dass einfache Plattings gleichfalls Verkürzungsknoten sind (Vgl. Seite 60ff.). Gleichzeitig sind Plattings mit Makramee verwandt. Wenn man sich also mit Plattings beschäftigt, stößt man mitten in die Welt der Knoten vor.

Twistplatting

Die Twistplatting (Abb. 1–5) beschert ein schnelles Erfolgserlebnis, da sie aus nur einer Schnur geflochten wird. Zuerst legen Sie ein großes, schmales Auge, wobei das Schnurende unter dem Seil verläuft. Die Spitze des Auges weist dabei in Ihre Richtung. Überlegen Sie gut, wie groß dieses Auge sein soll, denn die gesamte Platting wird so lang wie das erste Auge sein. Verdrehen Sie nun das Auge nach rechts, worauf Sie das Schnurende von oben rechts nach unten links durch das Auge stecken. Darauf verdrehen Sie das Auge in die entgegengesetzte Richtung. Das Schnurende ziehen Sie dann von links oben nach rechts unten durch das Auge. Damit ist der erste Flechtknoten fertig. Schieben Sie den Knoten gut zusammen und wiederholen Sie ihn so oft, bis das Auge so klein ist, dass Sie es nicht auf keinen Fall mehr verdrehen können.

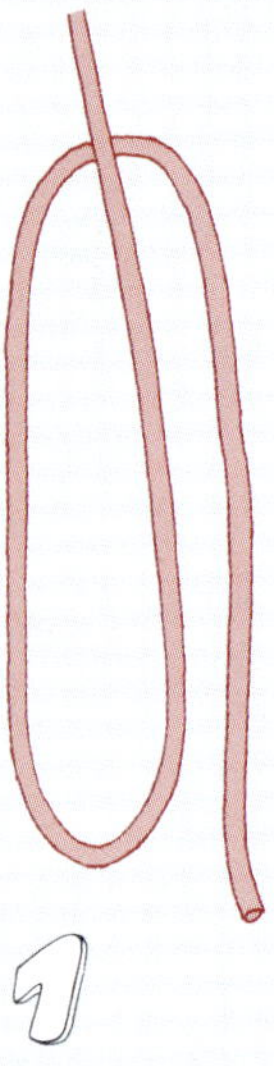

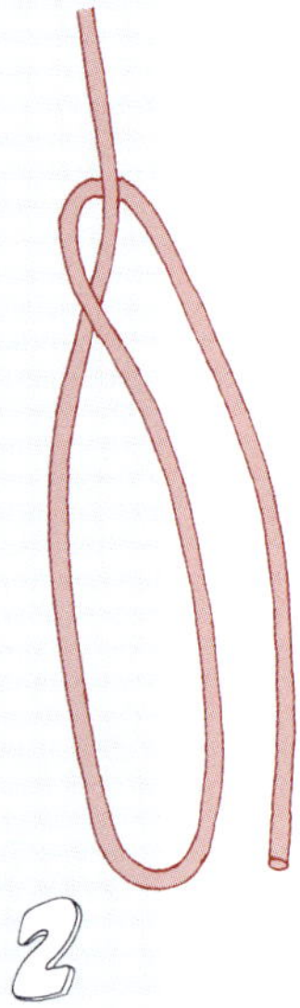

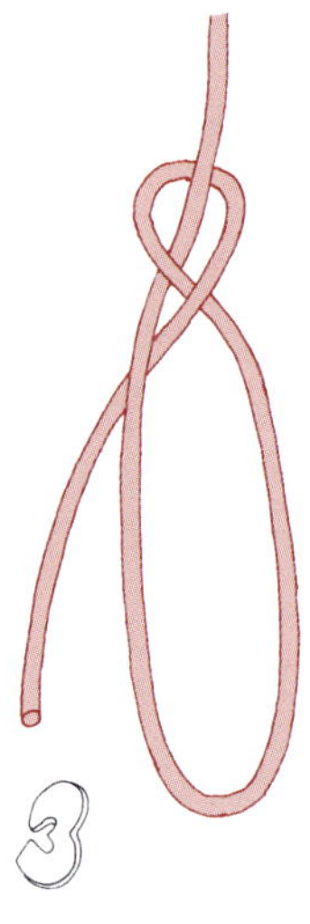

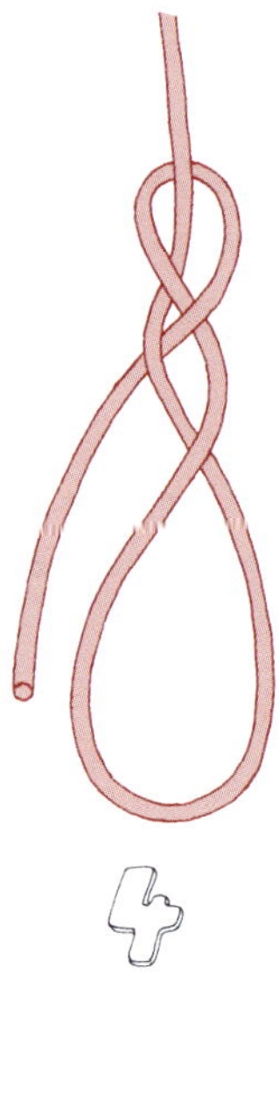

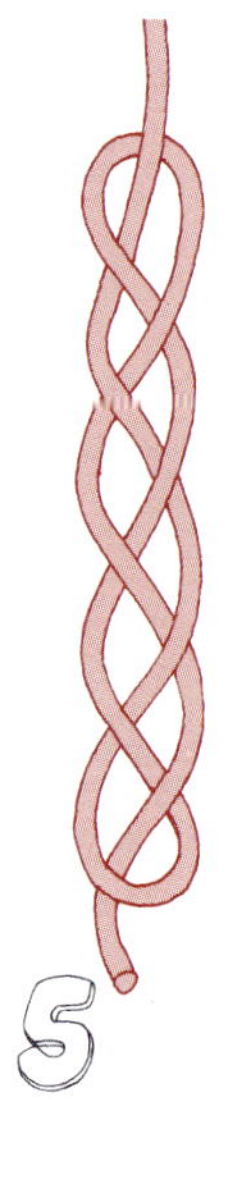

Doppelte Kettenstekplatting

Auch die doppelte Kettenstekplatting (Abb. 1–4) wird aus nur einer Schnur gebunden. Sie basiert auf einfachen Achtknoten, die miteinander verflochten werden.

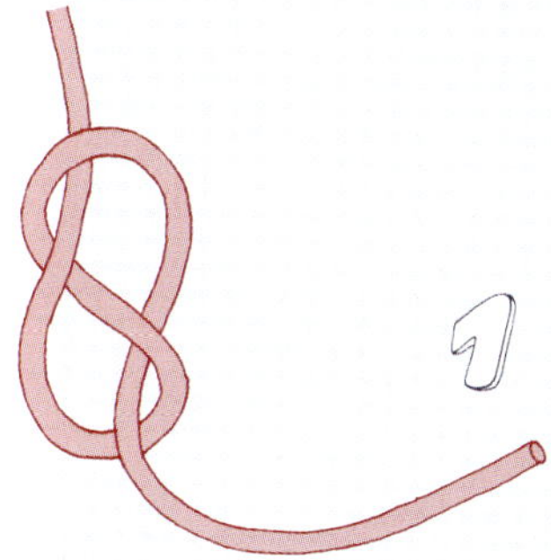

1

Sie knüpfen zunächst einen Achtknoten. Formen Sie ein Auge, wobei das lose Ende unter dem Seil liegt und die Spitze des Auges in Ihre Richtung weist.

Dann führen Sie das Seilende über dem Seil her und anschließend von unten durch das Auge. Nun stecken Sie das Seil von oben durch die obere Hälfte der Acht. Dadurch entsteht rechts unten die untere Hälfte der zweiten Acht.

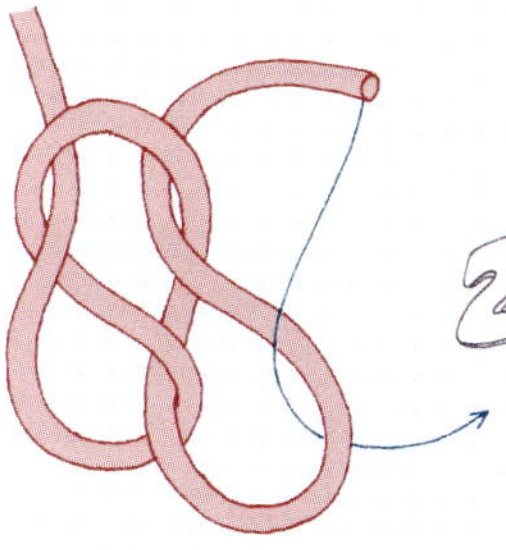

2

In diese unter Hälfte tauchen Sie nun von oben hinein, wodurch sich die obere Hälfte der zweiten Acht bildet. An dieser Stelle haben Sie schon zwei Achtknoten miteinander verbunden. Ziehen Sie nun die Knoten fest. Achten Sie darauf, dass Sie noch etwas Spiel lassen, da Sie noch weiter flechten müssen.

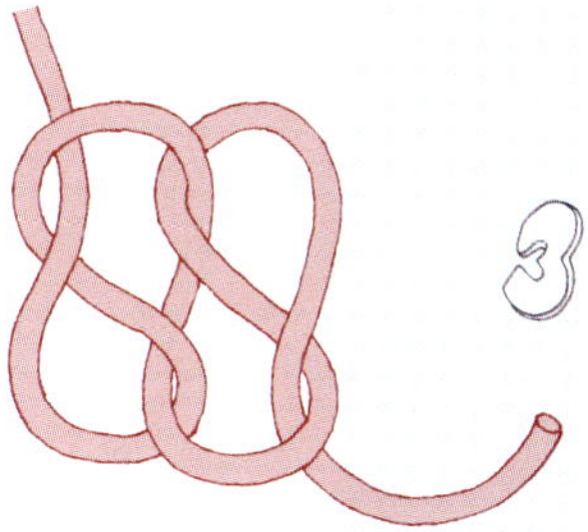

3

Nun arbeiten Sie solange weiter, bis Ihre Leine die gewünschte Länge erreicht hat.

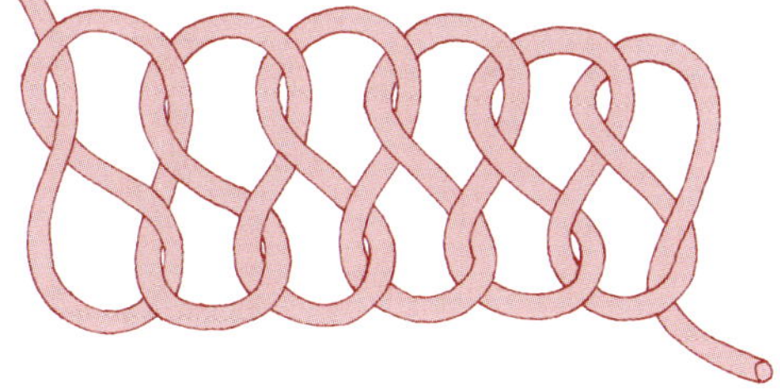

4

Englische Platting

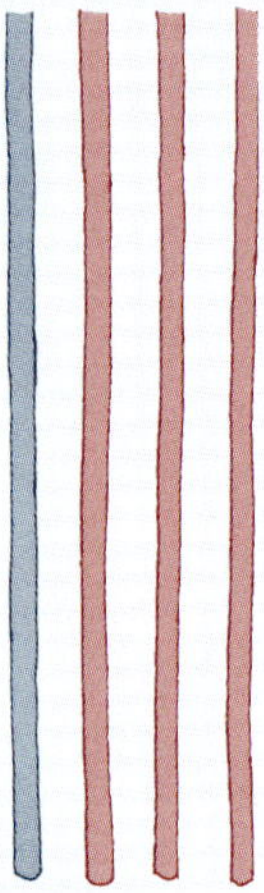

1

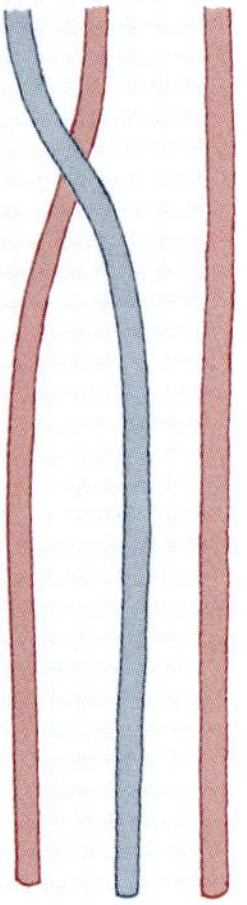

2

Die Englische Platting ist besser bekannt als normaler »Schulmädchenzopf« (Abb. 1–5). Jeder kann, wenn er keinen Haarzopf flechten möchte, mit dieser einfachen Plattingform schöne Leinen herstellen.

Der Schulmädchenzopf wird aus drei Strängen geflochten, die man nebeneinander legt und zusammenknotet. Die oberen Enden der Schnüre werden mit einer Sicherheitsnadel oder Klebeband fixiert, damit man sich auf das Flechten konzentrieren kann.

Dabei folgt man einem ganz einfachen Prinzip: Die äußeren Fäden werden immer zwischen die jeweiligen Nachbarfäden gelegt. Man beginnt mit dem linken Faden, indem man ihn von oben zwischen den beiden anderen Fäden platziert. Darauf beginnt man mit dem Faden, der jetzt links liegt, von vorne. Man flechtet solange, bis die Leine die gewünschte Länge hat und arbeitet nach jedem Durchgang den Zopf gut nach. Zum Schluss bindet man mit einem Faden ab.

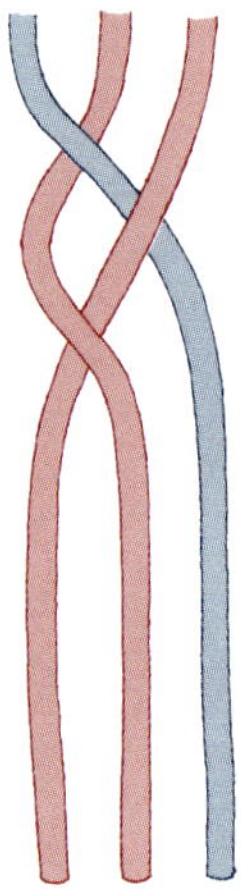

3

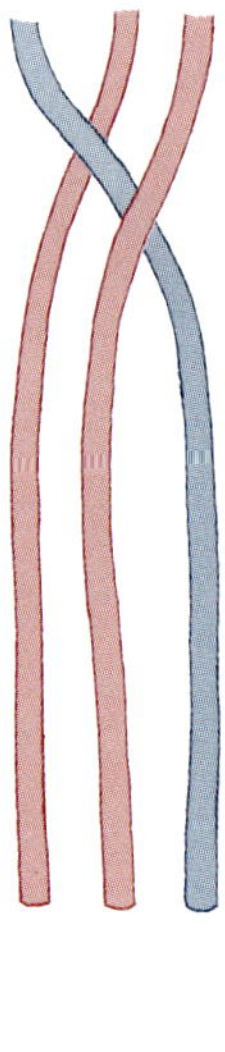

4

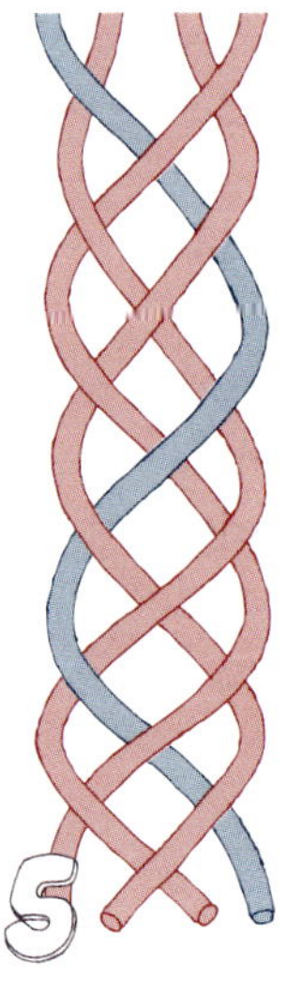

5

Kronenplatting

Kronenplattings kann man – wenn man das Prinzip einmal verstanden hat – mit drei, vier oder mehr Schnüren binden.
Die erste Schnur wird jeweils über die zweite, die zweite über die dritte, die dritte über die vierte usw. gelegt. Durch dieses Übereinanderlegen entstehen Buchten, in denen die jeweils vorhergehende Schnur festgesteckt wird. Als Beispiel zeigen wir eine dreisträngige Kronenplatting (Abb. 1–3).

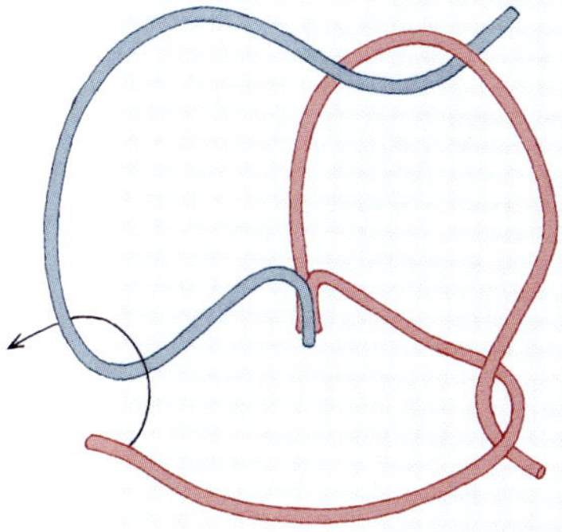

1

Sie legen die erste Schnur in Form einer Bucht aus, die rechts offen ist. Dann ziehen Sie die zweite Schnur erst unter, darauf über dieser ersten Bucht her. Dabei bilden Sie automatisch eine zweite Bucht um die erste Schnur. Auch mit der dritten Schnur bilden Sie eine Bucht, die erst unter, dann über der zweiten Schnur verläuft. Nun stecken Sie die dritte Schnur in die Bucht der ersten.

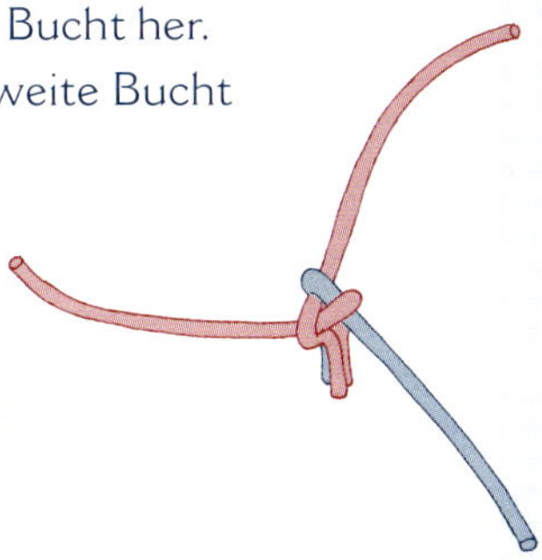

2

Wenn die drei Schnüre festgezogen werden, bildet sich eine Dreiecksform. Anschließend wiederholen Sie diese Knüpfbewegung, bis die Leine die gewünschte Länge erhalten hat. Wie immer müssen Sie zwischendurch gründlich nacharbeiten.

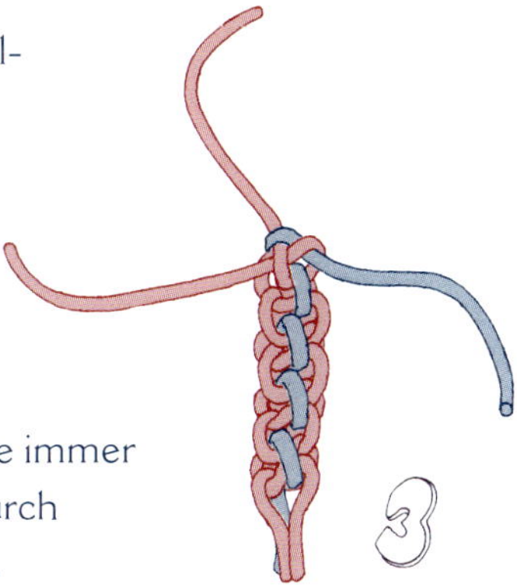

3

Vierfache Platting

Die Vierfache Platting (Abb. 1–5) wird, wie der Name schon sagt, mit vier Strängen geflochten. Obwohl diese Platting auf den ersten Blick kompliziert aussieht, ist sie mit etwas Konzentration leicht zu binden.

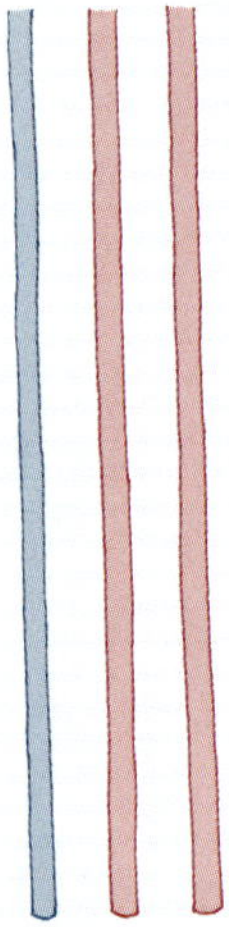

1

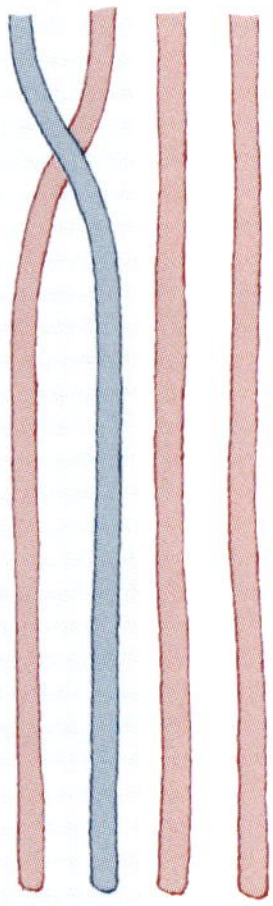

2

Zuerst legen Sie die vier Stränge nebeneinander, knoten Sie oben zusammen und fixieren das Ganze anschießend, um in Ruhe flechten zu können. Nun nummerieren sie die vier Stränge im Geiste von links nach rechts: Die erste Schnur liegt ganz links, die vierte ganz rechts. Zu Anfang hebt man den ersten Strang über den zweiten, dann den vierten über den dritten und den gerade platzierten ersten. Nun nimmt man den zweiten Strang und führt ihn über den vierten hinweg. Im letzten Schritt hebt man die dritte über die erste und die zweite Schnur.

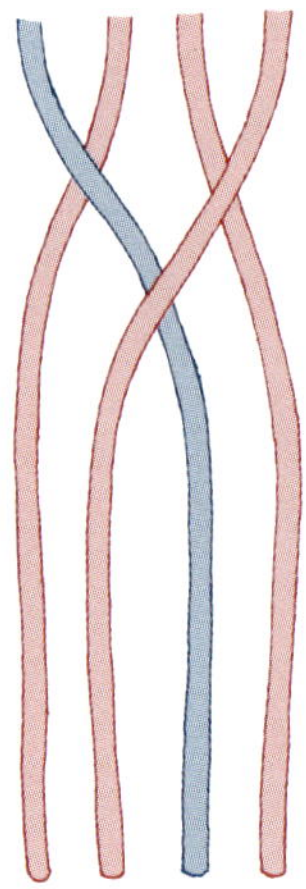

3

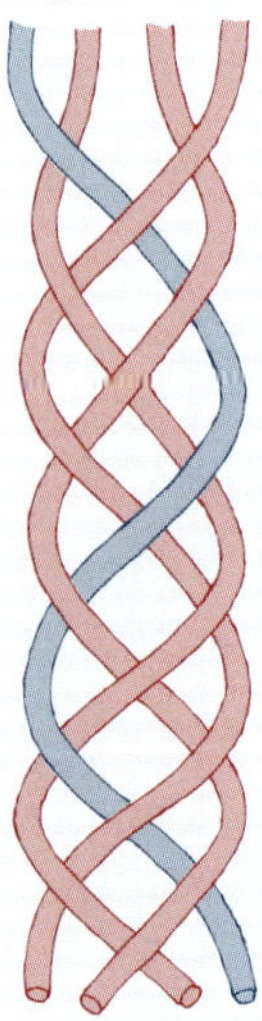

4

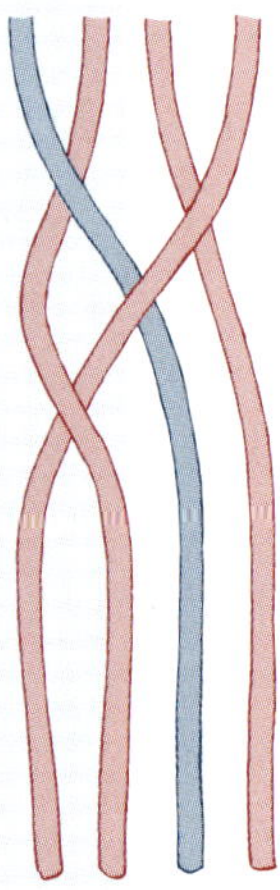

5

Hinter dieser Flechtbewegung steht folgendes Prinzip: Der jeweils außen links liegende Strang wird über den direkt neben ihm liegenden Strang geführt. Der rechts außen liegende Strang überquert die beiden mittleren Stränge. Die Knoten müssen nach jedem Arbeitsgang nachgearbeitet werden. Am Ende bindet man wieder mit einem separaten Faden ab.

Vierfache Flechtplatting

Auch für die Vierfache Flechtplatting (Abb. 1–4) braucht man vier Schnüre. Allerdings wird nur mit einer Schnur gearbeitet. Deshalb muss man darauf achten, dass diese eine Arbeitsschnur wesentlich länger als die übrigen Schnüre ist.

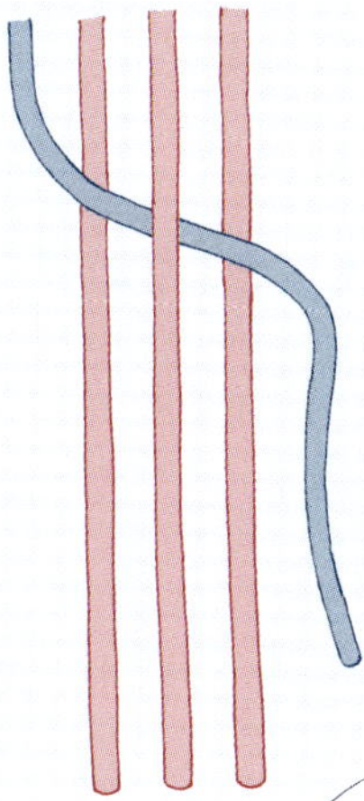

1

Zuerst legt man alle vier Stränge nebeneinander, dabei sollte die lange Arbeitsschnur außen liegen. Im Geiste nummeriert man die Schnüre von links nach rechts. Die Arbeitsschnur erhält die Nummer eins. Diese erste Schur führen Sie nun über der zweiten, unter der dritten und wieder über der vierten Schnur her. Sie haben in diesem Stadium alle Schnüre einmal gekreuzt und ziehen die Arbeitsschnur nun wieder zurück, indem Sie unter der vierten, über der dritten und unter der zweiten Schnur herfahren. Diese Webarbeit setzten Sie fort, bis die Leine die gewünscht Länge erhält. Auch hier sollten Sie hin und wieder die Arbeitsschnur so zurechtschieben, dass die Struktur des Musters gut sichtbar wird.

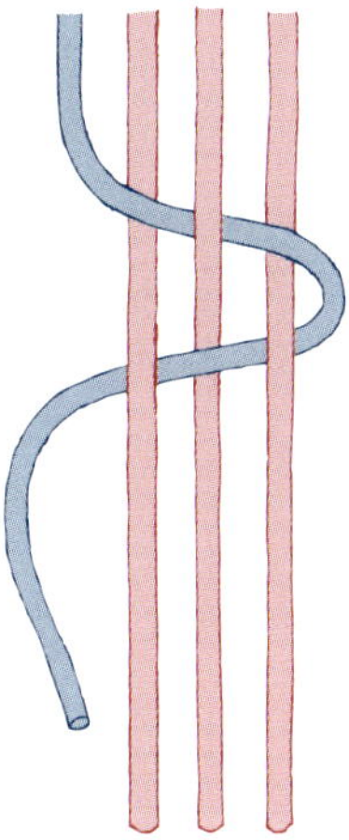

2

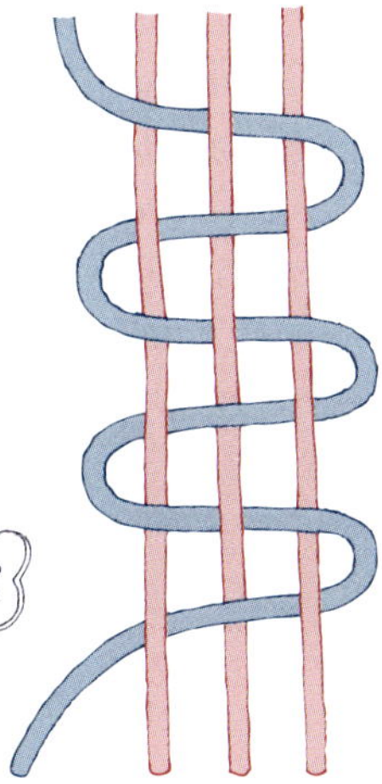

3

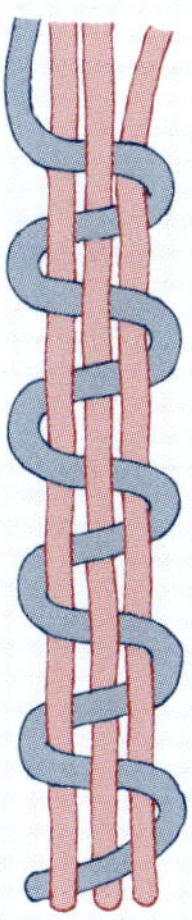

4

Uraltes Kunsthandwerk

Makramee-Knoten und -Bänder

Heute benutzt man eher gröberes Material wie Baumwolle oder Jute. Aus Baumwollfäden knüpft man vor allem Freundschaftsbänder, die ebenso aus Lederstreifen hergestellt werden. Aus Jutegarn, oft als Makrameegarn bezeichnet, stellt man die typischen Makramee-Arbeiten wie Taschen, Lampen oder Blumenampeln her. Für Makramee eignen sich daneben Acrylgarne, die sich recht leicht knüpfen lassen. Auch aus Sisal, Hanf oder einfacher Wolle kann man schönen Schmuck oder praktische Gebrauchsgegenstände knüpfen. Bei Makramee gilt grundsätzlich wie bei allen kreativen Arbeiten, dass Sie jederzeit anderes Material verarbeiten können.

Die richtige Vorbereitung

Die verwendeten Fäden sollten nicht dicker als sechs und nicht schmaler als zwei Millimeter sein. Um die hier vorgestellten grundlegenden Makramee-Knoten und einfachen Bänder zu knüpfen, benötigen Sie nur einige Rollen Garn – am besten Jutegarn. Denn bei einfarbigem Jutegarn treten die Knüpfstrukturen deutlich hervor, sodass Sie schnell sehen, ob Sie Makramee beherrschen. Da Jutegarn auf Rollen verkauft wird, kräuseln sich die Schnüre oft auch beim Arbeiten. Wen es stört, kann die Fäden kurz bügeln.

Wenn Sie ein Makramee-Band beginnen, überlegen Sie schon zu Anfang, welche Größe Ihre Arbeit zum Schluss haben soll. Ihre Fäden müssen ungefähr sechs- bis achtmal länger sein, als die angestrebte Endlänge. Da es recht schwierig ist, mit kurzen Fäden zu knüpfen, gilt grundsätzlich die Regel, dass man seine Fäden lieber zu lang als zu kurz schneidet.

Die Gebrauchs- und Schmuckgegenstände, die man mit Makramee knüpfen kann, bestehen alle aus einer Abfolge von Knoten, die zu Bändern kombiniert werden. Hier zeige ich einige Bänder, die einerseits als Grundlage für weitere Makramee-Arbeiten dienen können. Andererseits kann man sie einfach als Freundschaftsbänder tragen. Die vorgestellten Bänder und der zum Abschluss gezeigte Makramee-Zopf können für sich bereits als Schmuck dienen.

Woher kommt Makramee?

Wissenschaftler vermuten, dass die Knüpftechnik Makramee schon von den Assyrern erfunden wurde, deren Reich sich im Gebiet des heutigen Nord-Iraks befand und fast 2000 Jahre lang bis ca. 600 v.Chr. existierte. Die Assyrer gaben ihre Knüpftechnik an die Araber weiter, die diese Technik »Makramee« (bestickter Schleier) nannten. Erst als die Araber im Mittelalter nach Spanien vordrangen, gelangte Makramee auch nach Europa. Im 15. Jahrhundert hatte sich die Knüpftechnik schon über die französische Mittelmeerküste bis nach Italien verbreitet. In Klöstern und Schulen dieses Raums gehörte Makramee für Jungen und Mädchen damals zum Unterrichtsstoff. Viele Nonnen knüpften mit der Makramee-Technik Altartücher, Meßgewänder und andere kirchliche Gebrauchsgegenstände. Sie verwandten damals feine Leinen- und Seidenfäden.

Kuhstek und Überhandknoten

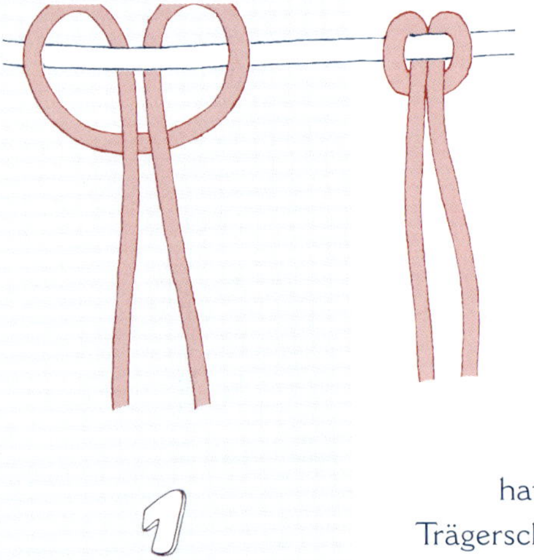

Die meisten Makramee-Arbeiten beginnen mit dem Aufschlingen: Die Fäden, mit denen man knüpfen möchte, werden an einer Trägerschnur, einem Ring oder einer anderen Halterung befestigt. Dazu benutzt man den Kuhstek (siehe nebenstehende Abbildung). Sie nehmen die abgemessene Schnur doppelt, führen sie einmal ganz um die Trägerschnur herum und stecken die losen Schnurenden durch die entstandene Schlaufe. Damit hat man zwei gleich lange Fäden an der Trägerschnur befestigt. Für die beliebten Freundschaftsbänder, die nicht an einem Ring oder einer Schnur befestigt sind, knüpft man zu Anfang in die Fäden, mit denen man arbeitet, einen einfachen Überhandknoten.

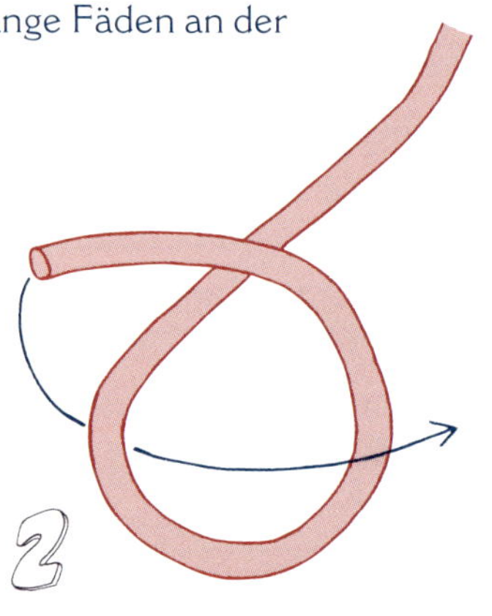

Zur Erinnerung: Der Überhandknoten

Wenn Sie vor sich ein Seil liegen haben, nehmen Sie das lose Seilende, das in Ihre Richtung zeigt. Mit diesem losen Ende kreuzen Sie das Seil, wodurch ein Auge entsteht. Durch das Auge führen Sie anschließend das lose Ende und ziehen es fest. Der Überhandknoten hält sehr gut und ist überaus sicher.

Spiralknoten

Der Spiralknoten (Abb. 1–4) gehört zu den Grundknoten des Makramee: Hat man zwei Fäden mit Kuhsteken auf die Trägerschur aufgeschlungen, sodass man vier Fadenenden hat, knotet man die beiden äußeren Fäden um die zwei Mittelfäden.

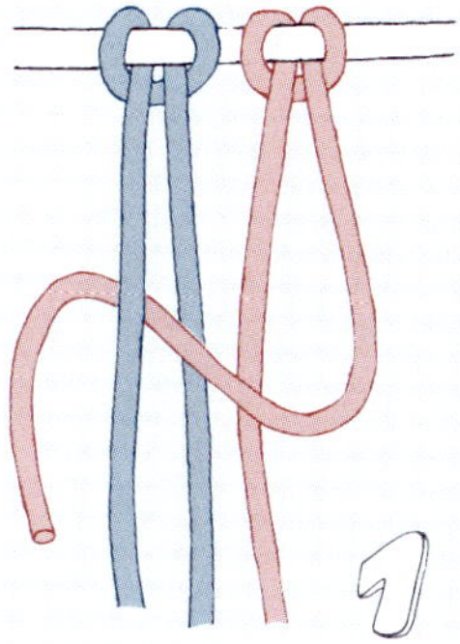
1

Zuerst legt man den rechten Faden quer über die Mittelfäden, den linken äußeren Faden hingegen unterquert man.

Jetzt nimmt man den linken Außenfaden und führt ihn unter den Mittelfäden, aber über dem rechten Außenfaden her. Dann drückt man diesen ersten Spiralknoten an die Kuhsteke der Trägerschnur heran. Darauf beginnt man wieder mit dem rechten Faden von vorne.

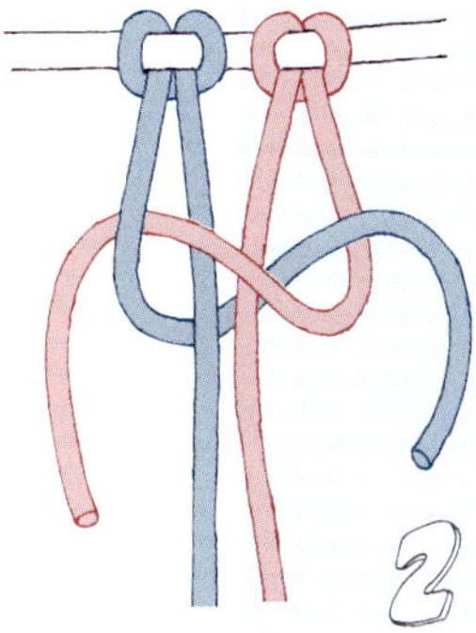
2

Wenn man auf diese Weise etwa sieben bis acht Knoten geknüpft

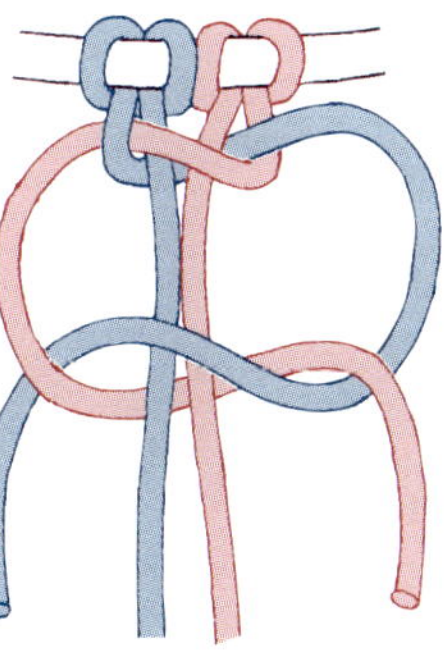
3

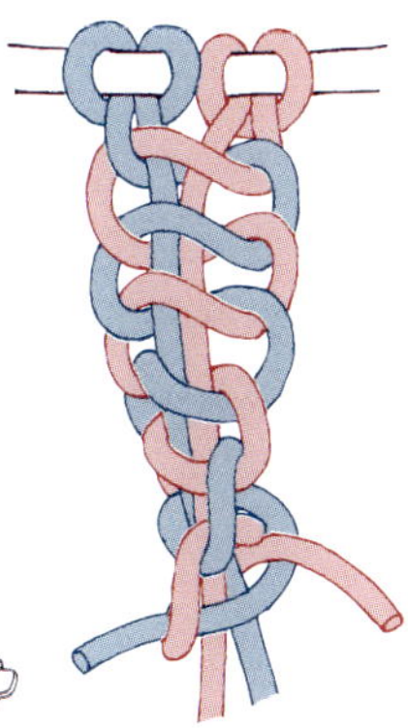
4

hat, dreht sich das Band nach links zu einer Spirale. Beginnen Sie mit dem linken Faden, dreht sich die Spirale nach rechts.

Flachknoten

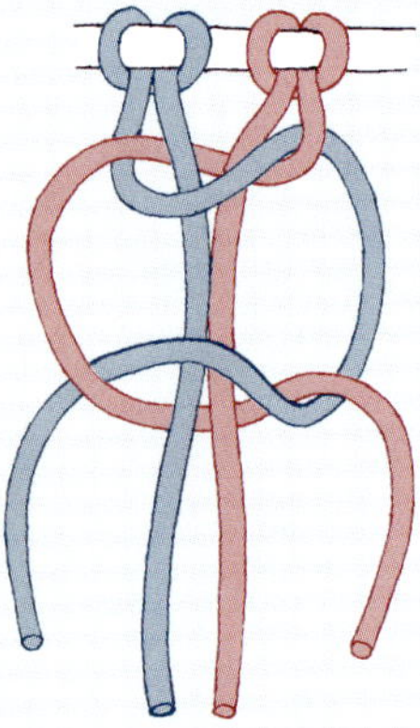

1

Ein Flachknoten (Abb. 1, 2) besteht aus zwei Spiralknoten.

Den ersten Spiralknoten beginnen Sie mit dem linken äußeren Faden, den zweiten mit dem rechten äußeren Faden. Natürlich kann man auch rechts beginnen und den zweiten Knoten von links knüpfen. Dann erhalten Sie ein anderes, ebenfalls reizvolles Muster.

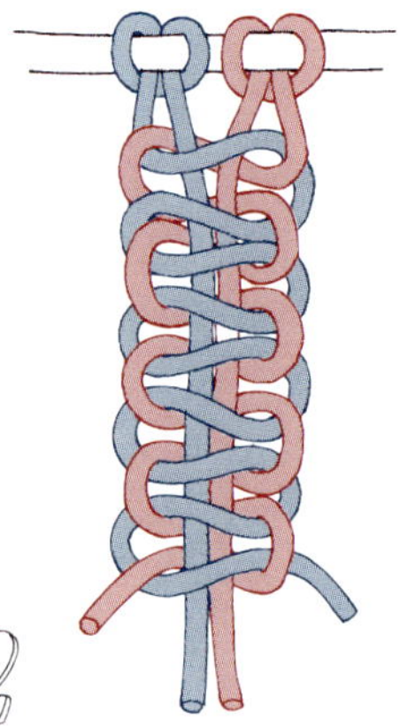

2

Durch dieses Versetzen der Spiralknoten geht die Spiralform verloren, auch viele hintereinander geknüpfte Flachknoten verdrehen sich nicht. Sie können diesen Knoten einfach kontrollieren: Der blaue Faden muss immer über den mittleren Fäden liegen.

Spiral- und Flachknoten prüfen

Sie können leicht kontrollieren, ob Sie eine Reihe von Spiralknoten korrekt gebunden haben: Zwei aufeinanderfolgende Spiralknoten sind bei genauerem Hinsehen nichts anderes als ein Altweiberknoten (vgl. Seite 26), der um die Mittelfäden gelegt wird. Als nützlicher Knoten taugt der Altweiberknoten wenig, als Spiralknoten ist er einer der Grundknoten des Makramee. Ein Flachkonten ist dagegen nichts anderes als ein Kreuzknoten (vgl. Seite 27), der um die beiden Mittelfäden gebunden wird.

Rippenknoten

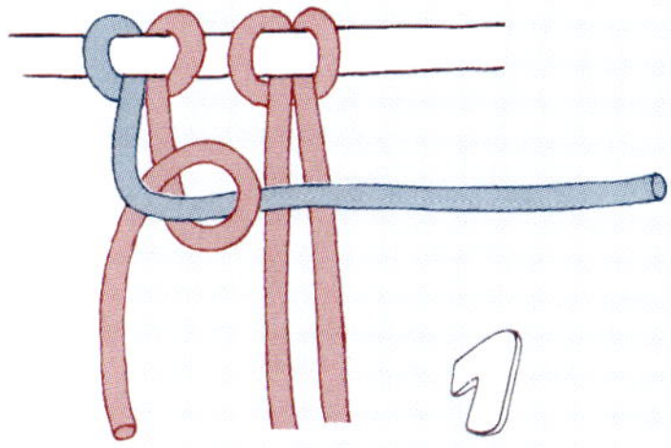
1

Auch der Rippenknoten (Abb. 1–4) gehört zu den Grundknoten des Makramee. Um diesen Knoten zu knüpfen, benötigen Sie einen Leitfaden und mindestens drei Knüpffäden. Es bietet sich zum Üben an, wieder zwei Fäden mit Kuhsteken an einer Trägerschnur oder einem kleinen runden Holz so zu befestigen, dass man vier Fadenenden erhält. Zuerst legt man den linken äußeren Faden über alle anderen Fäden hinweg und macht ihn so zum Leitfaden. Dann bindet man mit dem direkt daneben liegenden Faden zwei Augen um diesen Leitfaden. Die beiden Augen müssen so nebeneinander gebunden werden, dass man einen Webeleinenstek (vgl. Seite 40) um den Leitfaden bindet. Auch die beiden anderen Fäden knüpft man auf diese Weise nacheinander um den Leitfaden. Hat man alle Fäden an den Leitfaden gebunden, führt man diesen wieder über alle Fäden zurück und beginnt von neuem – diesmal von der anderen, der rechten Seite.

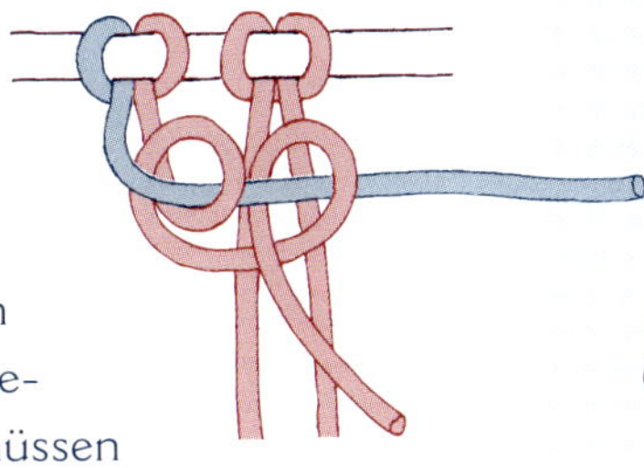
2

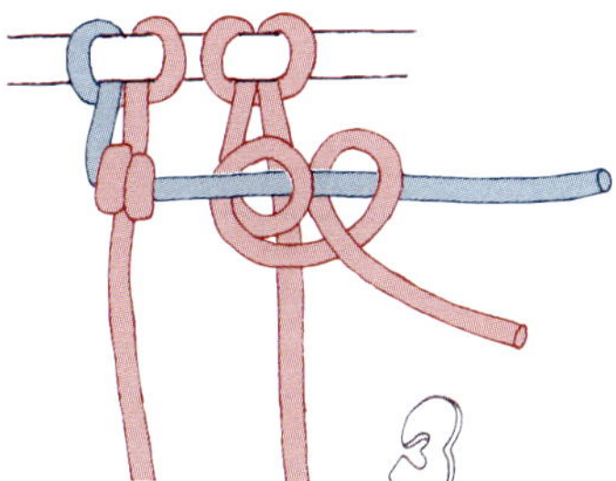
3

Der Rippenknoten ist eigentlich recht einfach zu knoten. Man sollte sich merken, dass der Leitfaden immer über, nie unter den Knüpffäden liegt. Interessant ist dieser Knoten auch deswegen, weil man den Leitfaden nicht immer genau waagrecht führen muss.

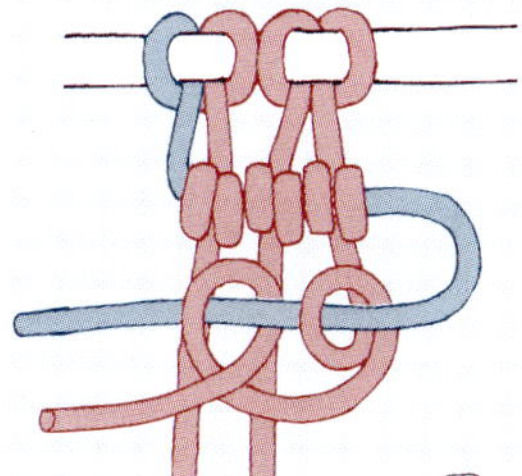
4

Rundkordel

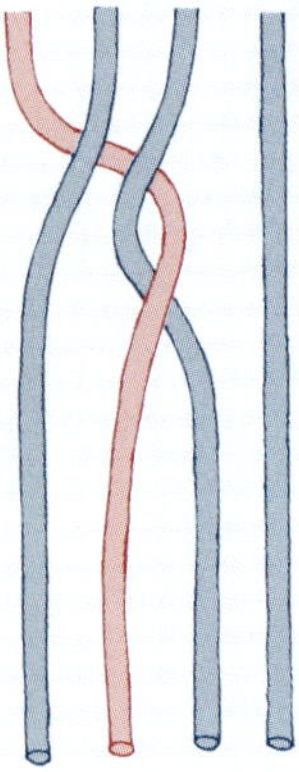

1

Besonders wenn man Freundschaftsbänder mit Makramee knüpfen möchte, muss man eine Rundkordel (Abb. 1–5) flechten können. Denn um sich das fertige Freundschaftsband um das Handgelenk binden zu können, braucht man ein Stück Band, in das man kein Muster geknotet hat.

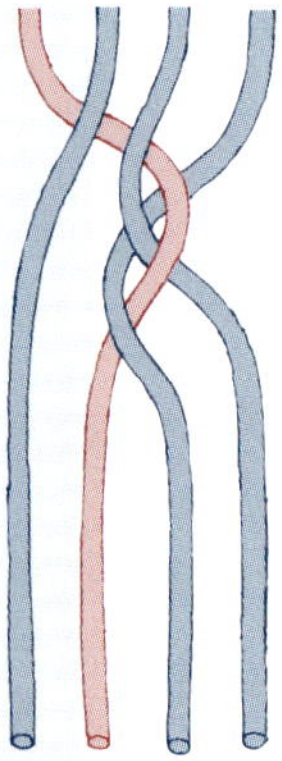

2

Um eine Rundkordel zu flechten, benötigt man vier Fäden, Konzentration und etwas Geduld. Am besten geht man ganz systematisch vor, legt die Fäden vor sich und nummeriert sie.

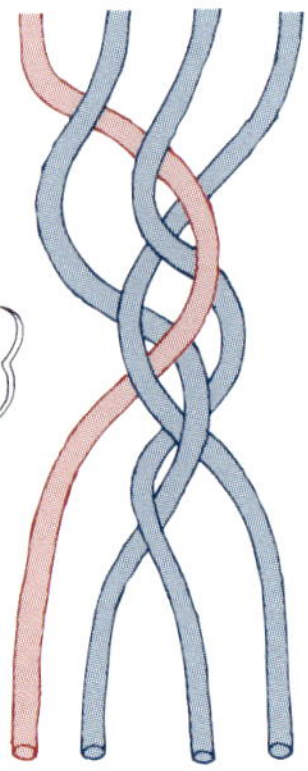

3

Als ersten Schritt zieht man den ersten Faden unter dem zweiten und dritten her und dann über den dritten zurück. Dann steckt man den vierten Faden unter dem dritten und ersten Faden her und über den ersten wieder zurück. Weiter legt man den zweiten Faden unter dem ersten und dem vierten her und über den vierten wieder zurück. Zuletzt bringt man die Fäden in die Anfangsposition zurück, indem man den jetzt ganz rechts liegenden dritten Faden unter dem vierten und dem zweiten wegführt und über den zweiten zurückschlägt. Nun beginnt man von vorne. Sie können den Flechtvorgang so lange wiederholen, bis die Kordel die gewünschte Länge besitzt.

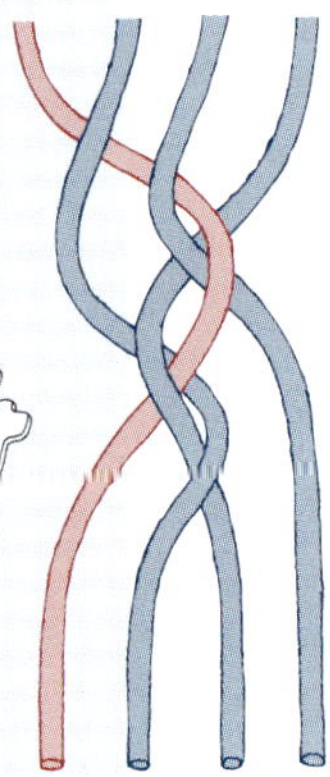

4

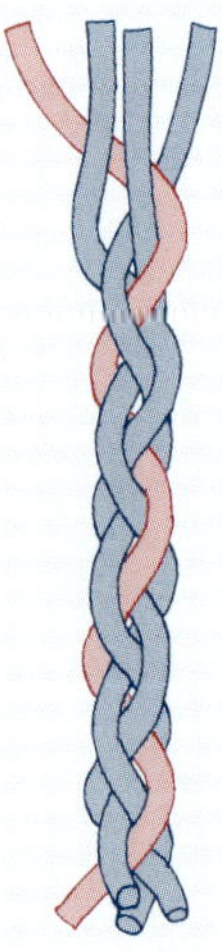

5

Einfaches und Doppeltes Frivolitätenband

Für diese Bänder knüpfen Sie den Kuhstek (vgl. Seite 42f.) so an eine Trägerschnur, dass ein Schnurende sehr kurz ist. Mit dem längeren Ende und der Trägerschnur arbeiten Sie.

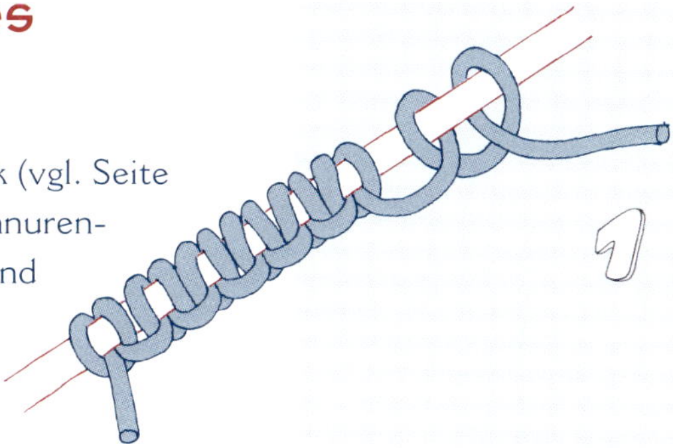

Das Einfache Frivolitätenband (Abb. 1) wird nur mit zwei Fäden geknüpft: Trägerschnur und Knüpfschnur. Bei diesem Band knotet man lediglich beliebig viele Kuhsteke nebeneinander. Es entsteht ein einfaches aber hübsches Muster.

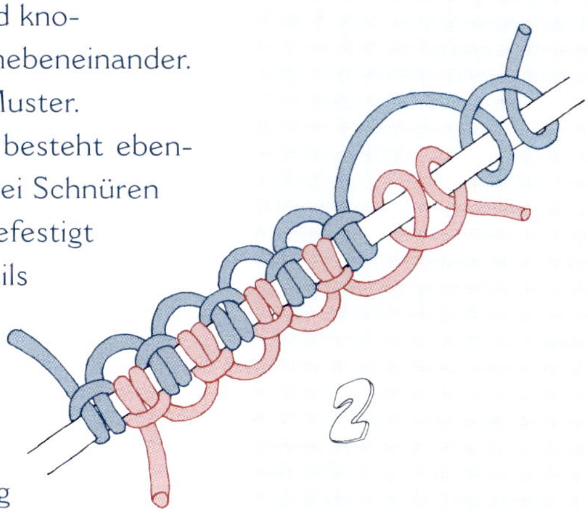

Das Doppelte Frivolitätenband (Abb. 2) besteht ebenfalls nur aus Kuhsteken, wird aber mit zwei Schnüren um die Trägerschnur geknüpft. Zuerst befestigt man zwei Fäden nebeneinander mit jeweils einem Kuhstek an der Trägerschnur. Dabei geht der erste Faden nach oben weg, der zweite nach unten. Nun führt man den linken Faden über den daneben liegenden Kuhstek hinweg und bindet neben ihn einen weiteren. Mit dem zweiten verfährt man genauso.
Schon bei diesem einfachen Band haben Sie verschiedene Variationsmöglichkeiten: Wenn Sie den ersten Faden über den daneben liegenden Kuhstek führen, können Sie festlegen, wie eng der Faden an der Trägerschnur entlangläuft. Lassen Sie auf beiden Seiten gleichmäßig mehr Platz, entstehen Schlaufen, die an Schmetterlingsflügel erinnern. Eine weitere Möglichkeit besteht darin, beide Fäden von unten an der Trägerschnur festzuknoten. Werden jetzt größere Schlaufen geknüpft, erinnert das Muster eher an die Fransen eines Vorhangs.

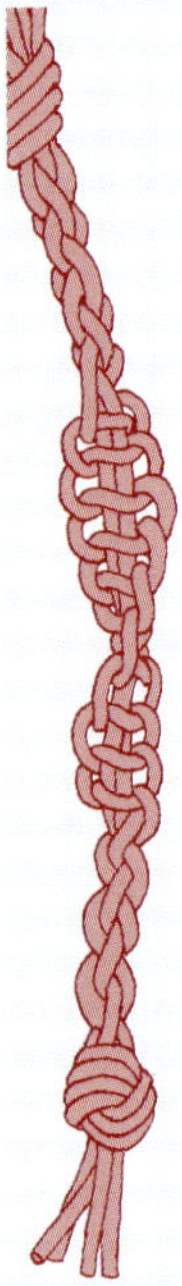

Einfaches Spiralband

Wenn Sie eine Reihe von Spiralknoten in dünnes, verschiedenfarbiges Lederband oder in Baumwollschnüre knoten, entsteht ein einfaches Freundschaftsbändchen (vgl. nebenstehende Abbildung). Sie müssen nur auf die Trägerschnur verzichten und vier Schnüre mit einem Überhandknoten (vgl. Seite 17) zusammenknoten. Dann flechten Sie aus den vier Fäden eine etwa fünf Zentimeter lange Rundkordel. Jetzt knüpfen Sie Ihre Spiralknoten, bis das Bändchen so lang ist, dass man es um das Handgelenk binden kann. Zum Schluss flechten Sie erneut ein Stück Kordel und sichern das Spiralband mit einem kleinen Überhandknoten. Mit den beiden Kordelstücken knoten Sie das Bändchen um Ihr Handgelenk.

Zickzackband

Für das Zickzackband braucht man vier verschiedenfarbige Fäden. Am besten eignet sich Lederband. Besonders schön wirkt das Zickzackband, wenn man blaue, violette, rote und weiße Bänder benutzt. Das Zickzackband (Abb. Seite 129) besteht nur aus Rippenknoten, die schräg angeordnet werden: Zuerst knotet man die vier Bänder mit einem Überhandknoten (vgl. Seite 17) zusammen. Dann produziert man etwa fünf Zentimeter Rundkordel (vgl. Seite 126). Dieses Stück Kordel braucht man zum Schluss, damit man das Bändchen um den Arm binden kann.

Wenn man die Kordel gebunden hat, knüpft man eine sich schräg nach rechts unten ziehende Reihe von Rippenknoten. Das erreicht man, indem man den linken

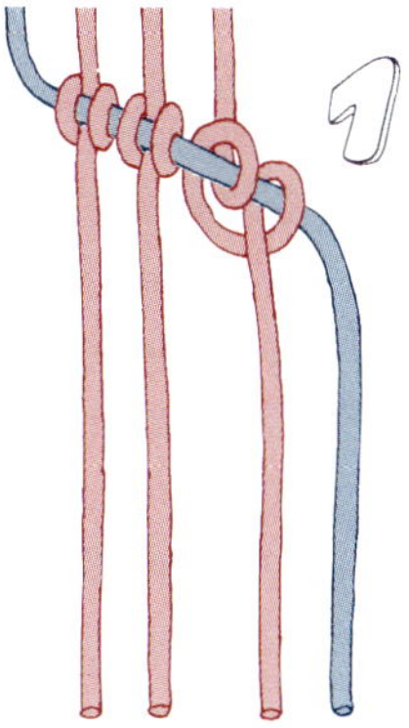

äußeren Leitfaden diagonal über die anderen Fäden legt. Nun schlägt man mit dem direkt rechts neben dem Leitfaden liegenden Bändchen einen Rippenknoten (vgl. Seite 125). Das Gleiche macht man mit den anderen beiden Bändern. Unter diese erste Reihe knüpft man nun direkt von links nach rechts zwei weitere. Dabei benutzt man jeweils einen neuen Leitfaden – immer das am weitesten links liegende Band. Hat man so drei Reihen Rippenknoten gebunden, knüpft man direkt darunter drei neue Reihen. Nun aber in umgekehrter Richtung von rechts nach links. Dabei ist jetzt stets das Band der Leitfaden, das ganz rechts liegt. Hat man wieder drei Reihen geknüpft, kann man von vorne beginnen und die Arbeit so lange fortsetzen, bis man die gewünschte Länge erhält. Man schließt mit einer kurzen Rundkordel und einem Überhandknoten ab.

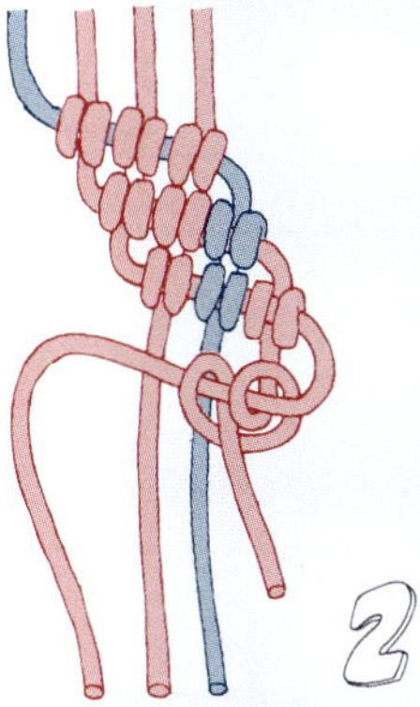

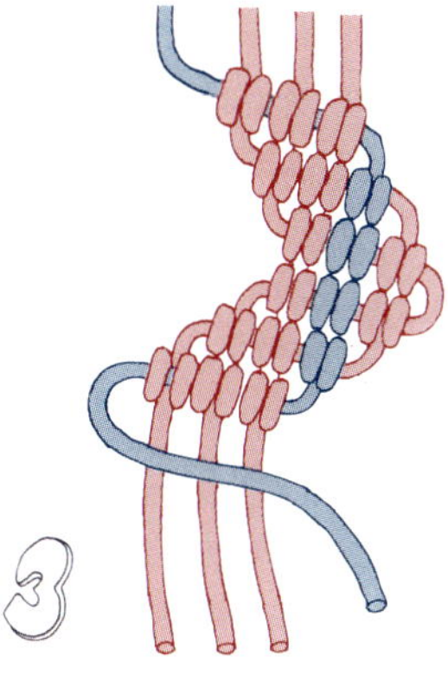

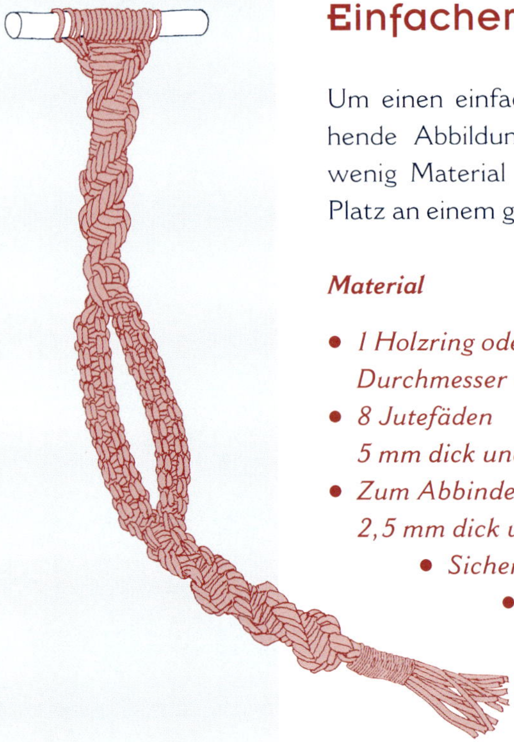

Einfacher Makramee-Zopf

Um einen einfachen Makramee-Zopf (siehe nebenstehende Abbildung) zu flechten, müssen Sie nur sehr wenig Material bereitlegen. Allerdings sollten Sie viel Platz an einem großen Tisch zur Verfügung haben.

Material

- *1 Holzring oder 1 Holzstöckchen Durchmesser ca. 5 cm*
- *8 Jutefäden 5 mm dick und 460 cm lang*
- *Zum Abbinden 1 Jutefaden, 2,5 mm dick und 50 cm lang*
- *Sicherheitsnadeln*
- *Schere*
- *Außerdem Dekorationsmaterial wie z. B. einen getrockneten Blumenstrauß*

Zuerst schlingen Sie die acht Fäden mit einem Kuhstek (vgl. Seite 42f.) um den Ring. Statt des Rings können Sie auch ein Holzstöckchen nehmen. Allerdings lässt sich der Zopf am besten aufhängen, wenn er an einen Ring gebunden wird. Sie müssen also 16 Fäden haben, die gleich lang sind. Bevor Sie beginnen, sollten Sie alle Kuhsteke nochmals festziehen und die Fäden – falls notwendig – entwirren. Anschließend müssen die Fäden in drei Stränge sortiert werden. Links legen Sie drei Fäden, in der Mitte zehn und rechts wieder drei bereit.

Nun knüpfen Sie mit den äußeren Fadenbündeln um das Mittlere Bündel 16 Spiralknoten (vgl. Seite 123f.). Sie knoten so, als seien die äußeren drei Fäden jeweils ein Faden. Die mittleren Fäden teilen Sie in zwei Gruppen zu je fünf Fäden auf und behandeln Sie, als seien es die zwei mittleren Fäden, die Sie von der Erläuterung des Spiralknotens kennen. Wenn Sie nun Ihre Fäden zu drei Strängen sortiert haben, können Sie zum Knoten die am Anfang noch recht langen Fäden etwas aufrollen. Sie arbeiten dann mit diesen provisorischen Rollen, was die Arbeit enorm erleichtert. Achten Sie darauf, dass Sie Ihre Knoten immer gründlich zuziehen. Vor allem ist es wichtig, dass alle Knoten gleichmäßig festgezogen werden. Dann tritt das Muster deutlich hervor.

Wenn Sie die Spiralknoten geknüpft haben, sehen Sie, dass ein dicker Strang entsteht, der sich verdreht. Um diese Verdrehung zu beenden, binden Sie nun hintereinander zwei Flachknoten (vgl. Seite 124). Nun werden die Fäden neu sortiert, indem Sie eine Zweiteilung vornehmen: Links und rechts liegen jeweils acht Fäden. Sie arbeiten zuerst mit dem linken Strang. Deshalb fixieren Sie den rechten Strang am besten mit eine Sicherheitsnadel, damit er Sie nicht beim Knoten stört. Den linken Strang sortieren Sie nun weiter: Links außen platzieren

Auf die Zahl der Knoten kommt es an

Als Anfänger verliert man leicht den Überblick darüber, wieviele Spiralknoten man schon geknüpft hat. Die richtige Anzahl der Knoten ist jedoch von großer Bedeutung. Daher scheint es ratsam, sich eine Strichliste anzulegen, auf der man die Zahl der bereits geknüpften Knoten notiert.

Sie zwei Fäden, in der Mitte vier und rechts wieder zwei. Achten Sie dabei darauf, dass die äußeren Fäden, die Sie nun wieder als Knüpffäden benutzen, die längsten Fäden sind. Wenn Sie auf diese Weise alles vorbereitet haben, arbeiten Sie weiter und knoten zehn Flachknoten. Anschließend binden Sie den rechten Strang auf die gleiche Weise.

Um die beiden Stränge wieder zu vereinen, sortieren Sie Ihre Fäden erneut um. Wie zu Beginn legen Sie links drei Fäden, in der Mitte zehn und rechts drei Fäden bereit. Wieder müssen dabei die längsten Fäden rechts und links außen platziert werden. Mit den jeweils drei äußeren Fäden binden Sie nun noch zwei Flachknoten. Ohne die Fäden umzugruppieren arbeiten Sie anschließend 16 Spiralknoten ein.

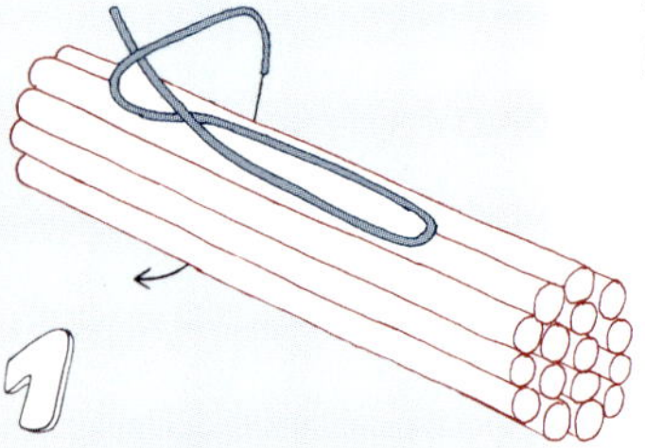

1

Zum Schluss muss der Zopf noch abgebunden werden (Abb. 1, 2). Dafür verwenden Sie einen dünneren Jutefaden.

Zum Abbinden legt man eine Schlaufe auf den Strang möglichst nah an den letzten Spiralknoten. Dann umwickelt man Strang und Schlaufe. Der Fadenanfang der Schlaufe muss aber sichtbar bleiben, sodass man zuletzt daran ziehen kann. Sie wickeln so lange bis nur noch die Schlaufenspitze zu sehen ist.

Dann stecken Sie den Faden durch die Schlaufe und ziehen am Fadenanfang. Dadurch wird der Faden festgezogen. Wenn Sie nun noch alle überflüssigen und abstehenden Fäden abschneiden, ist Ihr Einfacher Makramee-Zopf fertig. In das Auge des Zopfes können Sie beispielsweise einen getrockneten Blumenstrauß stecken.

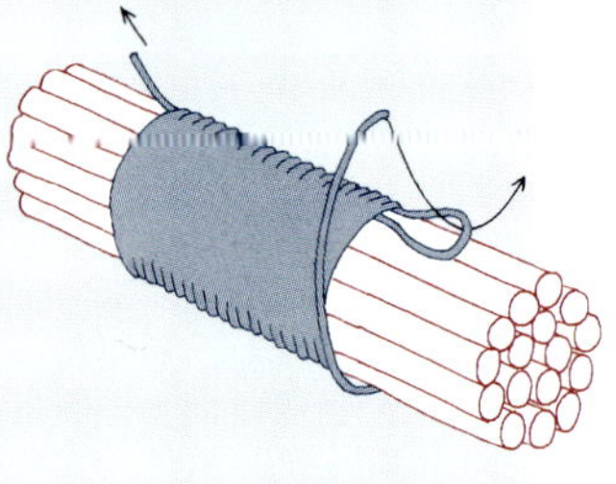

2

Keine Magie – einfache Tricks und Rätsel

Man sitzt zusammen bei einem Glas Bier oder Wein, die Stimmung ist gut, es wird gelacht und geredet. Plötzlich kommt jemand auf die Idee, etwas vorzuführen: Knotentricks. Erwartungsvolle Stille begleitet den Künstler. Er redet und schwadroniert, alle lauschen gebannt. Nebenbei nimmt er ein Seil in die Hand und hat plötzlich, ohne dass es jemand richtig sehen konnte, mit einer Hand einen komplizierten Knoten gebunden.

Wie alle Effekte dieser Art, so wirken auch Knotentricks und Knotenrätsel am besten, wenn man seine Vorführungen mit den unglaublichsten Geschichten ausschmückt. Das lenkt vom eigentlichen Geschehen ab und verschleiert, dass der Trick eigentlich ganz einfach ist.

Knotentricks und -rätsel eignen sich gut für Kinder. Mit so manchem Trick oder Kunststück lässt sich z. B. ein Kindergeburtstag bereichern. Halten Sie jedoch genügend Seile bereit – denn selbst ausprobieren macht Kindern am meisten Spaß. Bei Knotentricks kommt es meist auf die Geschicklichkeit der Hände und die Geschmeidigkeit der Bewegungen an. Bei Rätseln ist dagegen vor allem genaues Knüpfen gefragt. Es ist oft leicht zu verstehen, wie geknotet werden muss, aber es so zu machen, dass Zuschauer begeistert sind, erfordert etwas Übung. Hier werden recht einfache Kniffe vorgestellt, die man sehr schnell beherrschen wird. Trotzdem gilt: Es ist noch kein Meister vom Himmel gefallen.

Überhandknoten und Einfachen Laufknoten mit einer Hand binden

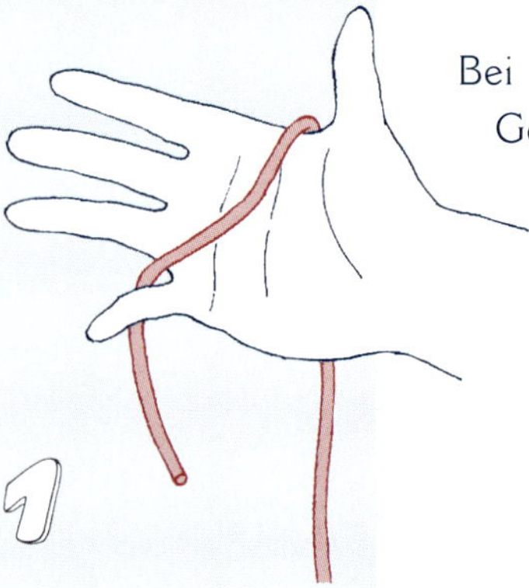

1

Bei diesem kleinen Trick kommt es vor allem auf Geschmeidigkeit und Schnelligkeit der Hand an (Abb. 1–3).

Legen Sie sich die Schnur, die nicht zu leicht sein darf, zwischen Daumen und Zeigefinger und lassen Sie beide Enden an der offenen Hand herunterhängen. Das Seilstück, das am Handrücken herunterbaumelt, sollte bei einem Erwachsenen ca. 40 cm lang sein, bei Kindern etwas weniger. Jetzt schieben Sie sich das Seil mit dem kleinen Finger zwischen diesen und den Ringfinger. Darauf drehen Sie Ihre Hand so, dass Sie das Seilstück, das über Ihrem Handgelenk hängt, leicht mit Zeige- und Mittelfinger greifen können. Halten Sie das Seilstück zwischen Zeige- und Mittelfinger eingeklemmt und schlagen Sie Ihre Hand aus: Es wird ein Überhandknoten im Seil sein.

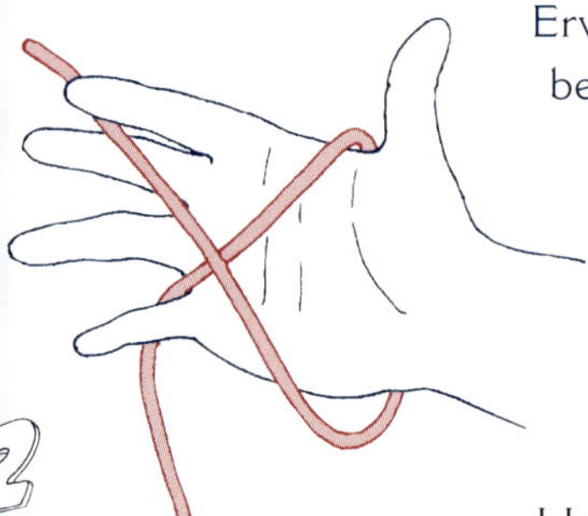

2

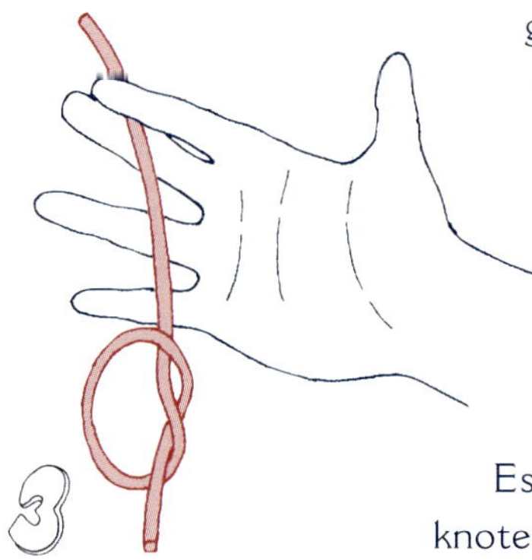

3

Auf die gleiche einfache Weise können Sie auch einen Einfachen Laufknoten, also eine Schlaufe binden (Abb. 4 und 5).

Lassen Sie einfach nur am Anfang des Tricks die Schnur am Handrücken sehr viel weiter herunterhängen. Wenn Sie dann, wie gerade erklärt, vorgehen und zum Schluss die Hand schütteln, entsteht eine Schlaufe. Sie können also mit einem Trick zwei verschiedene Knoten binden. Ihre Zuschauer meinen meist, dass Sie zwei verschiedene Tricks vorführen und spenden umso mehr Applaus.

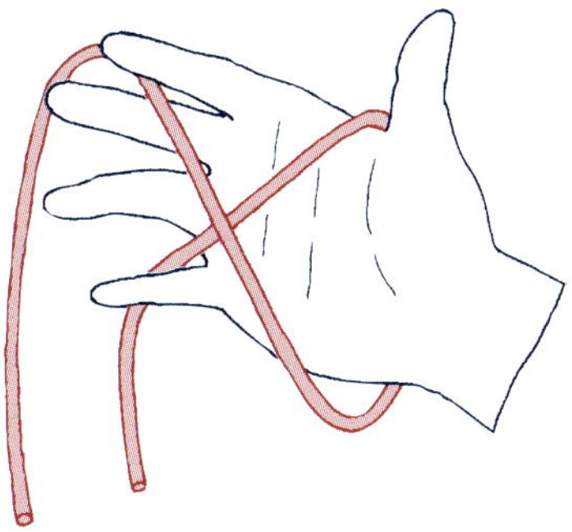

4

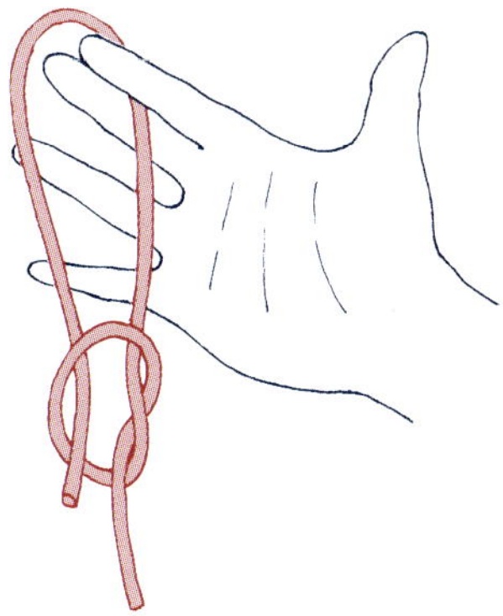

5

Webeleinenstek mit einer Hand binden

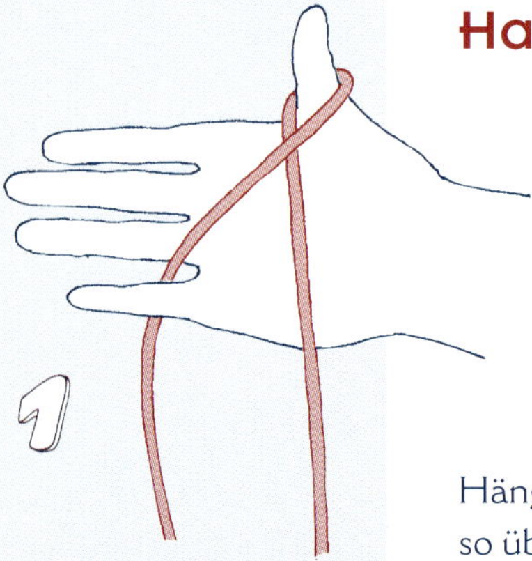

Wenn man ein paar Mal geübt hat, den Webeleinenstek (Abb. 1–4) mit nur einer Hand zu binden, wird man jeden Zuschauer verblüffen können. Ein bisschen Training ist jedoch nötig, da es auch bei diesem Trick vor allem auf die flüssige Bewegung ankommt.

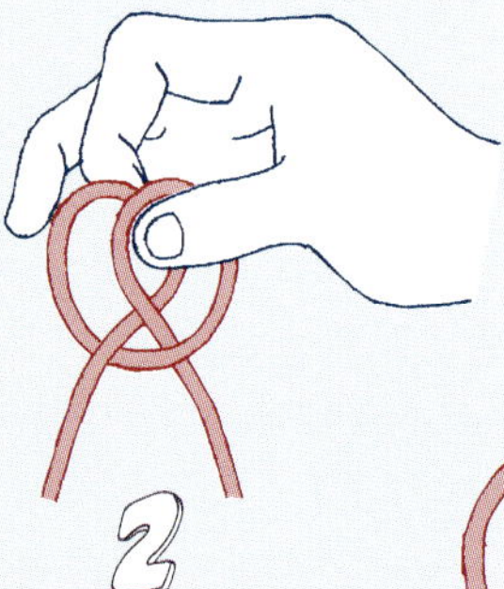

Hängen Sie sich die Schnur, die nicht zu leicht sein sollte, so über den Daumen, dass sie vor der Handfläche herabhängt. Dann ziehen Sie den vorderen Teil der Schnur mit dem kleinen Finger zwischen diesem und dem Ringfinger durch. Jetzt drehen Sie Ihre Hand in die Waagerechte und klemmen das andere Schnurende zwischen Zeige- und Mittelfinger. Dann richten Sie die Fingerspitzen zur Decke, sodass sich das Seilende zwischen Zeige- und Mittelfinger um den Zeigefinger windet. Zum Schluss legen Sie Zeigefinger- und Daumenspitze aneinander, schlagen die Hand einmal kräftig aus, und ein Webeleinenstek erscheint, wie von Geisterhand

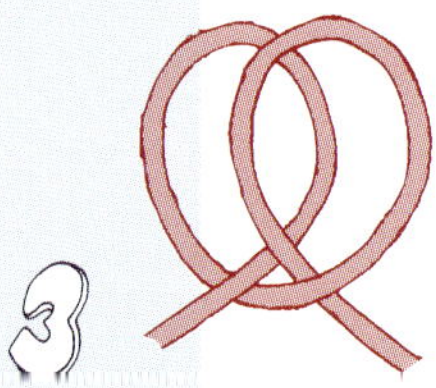

Bevor Sie diesen Trick vorführen, binden Sie vor dem Publikum am besten einmal einen Webeleinenstek mit zwei Händen auf möglichst komplizierte Weise. So schlagen Sie zwei Fliegen mit einer Klappe: Nun kennt jeder diesen Knoten, und alle sind verblüfft, wenn Sie den Webleinenstek mit nur einer Handbewegung knüpfen.

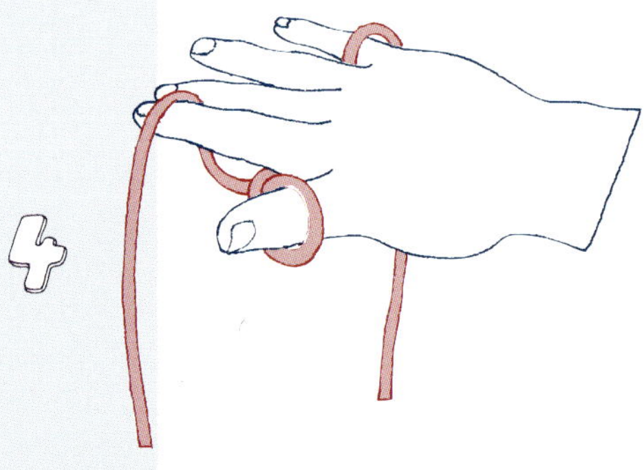

Täuschender Knoten

Der Witz dieses Tricks ist, dass man einen Knoten sehr aufwändig bindet, der sich anschließend in nichts auflöst (Abb. 1–3).
Während man das komplizierte Gebilde knüpft, erzählt man am besten eine Geschichte über den größten Knotenspezialisten aller Zeiten, der diesen Knoten angeblich erfunden und Ihnen verraten hat. Je höher die Erwartungen der Zuschauer sind, desto erstaunlicher ist es, wenn der Knoten einfach verschwindet. Sie müssen nur damit leben können, dass Sie selbst als Verlierer dastehen, der den Knoten des großen Meisters nicht binden kann. Oder Sie denken sich eine andere Geschichte aus.

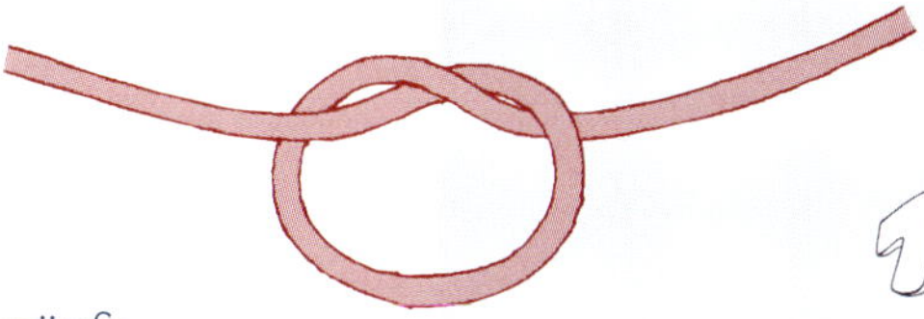

1

2

Auf jeden Fall knüpfen Sie mitten in ein Seil einen Überhandknoten (vgl. Seite 17). Dann winden Sie die Seilenden noch einmal so umeinander, dass ein Kreuzknoten (vgl. Seite 27) vor Ihnen liegt.

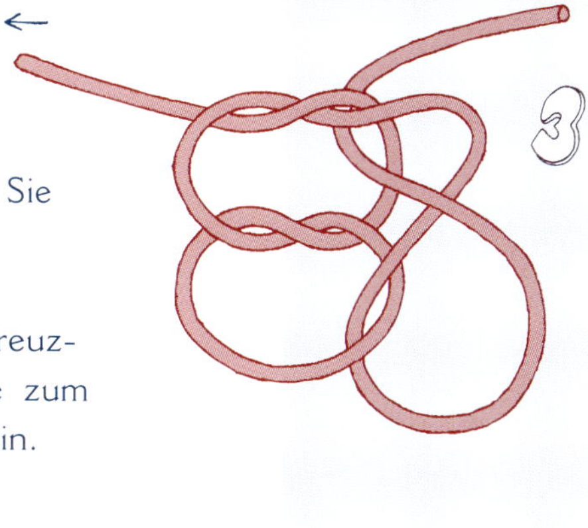

3

Stecken Sie das im Knotenausgang oben liegende Seilende von oben in den Überhandknoten und überqueren Sie anschließend das Seilende wieder.

Führen Sie das Seil nun von oben in den Kreuzknoten herein. Demonstrativ reißen Sie zum Schluss am Seil, und es ist kein Knoten darin.

Mit einem Überhandknoten ein Fünfeck »knoten«

Bei diesem Rätsel wird die Struktur des Überhandknotens genutzt (Abb. 1–3). Am wichtigsten ist dabei, dass man das Publikum gar nicht auf die Idee kommen lässt, man könne den Überhandknoten in einen Papierstreifen knüpfen.

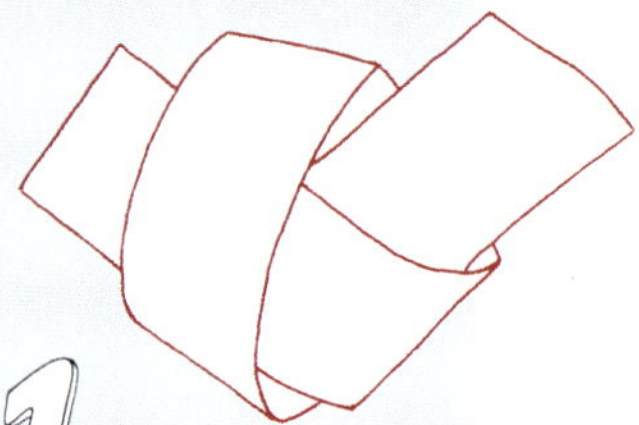

1

Als Einstieg für eine kleine Vorführung schlagen Sie am besten eine Wette vor: Niemand schafft es, aus einem Überhandknoten ein Fünfeck zu machen. Solange nur mit einer Kordel oder einer anderen runden Schnur geknotet wird, haben Sie nichts zu befürchten.

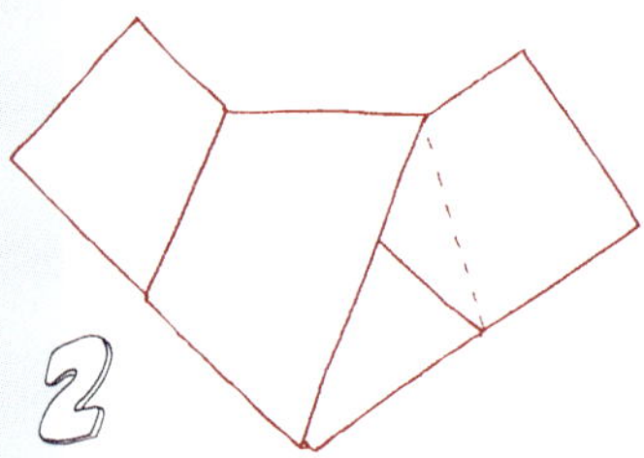

2

Nehmen Sie nun zum Knoten einen schmalen Papierstreifen. Vielleicht können Sie einfach ein DIN A 4 Blatt mehrmals falten. Achten Sie aber darauf, dass der Papierstreifen wirklich gerade ist.

Nun binden Sie vorsichtig einen normalen Überhandknoten in diesen Streifen. Wenn Sie die beiden Enden nach hinten wegklappen, liegt ein Fünfeck vor Ihnen, das niemand auch mit Zirkel und Lineal regelmäßiger hinbekommen hätte. Und Sie haben Ihre Wette gewonnen.

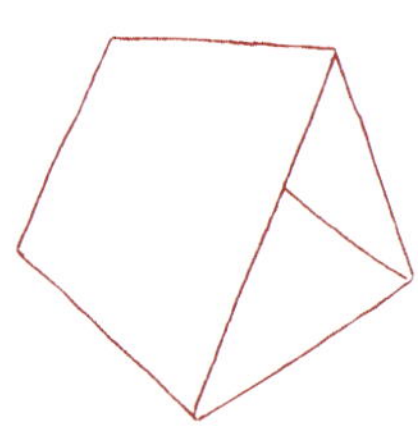

3

Ohne Hilfsmittel einen exakten Fünfstern zeichnen

Auch dieses kleine Rätsel basiert auf der Struktur des Überhandknotens (Abb. 1, 2).

Zu Beginn nehmen Sie demonstrativ nur Papier und Bleistift zur Hand und behaupten, dass Sie ohne weitere Hilfsmittel einen exakten Fünfstern zeichnen können. Achten Sie nur darauf, dass eine Lichtquelle in erreichbarer Nähe ist. Bei schönem Wetter reicht oft das normale Sonnenlicht aus.

Falten Sie nun Ihr Papier zu einem recht schmalen Streifen und binden mit einiger Sorgfalt einen Überhandknoten hinein. Anschließend schlagen Sie die Enden des Papierstreifens nach hinten weg und halten das entstandenen Fünfeck gegen eine Lichtquelle.

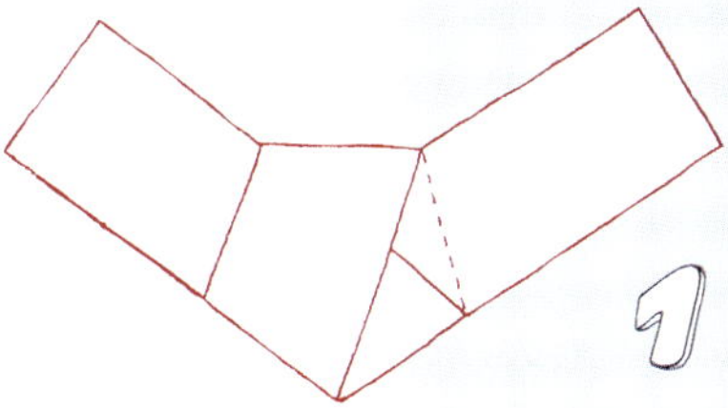

1

In der Mitte des Fünfecks wird ein sehr regelmäßiger und genauer Fünfstern auftauchen, den Sie einfach nur nachzeichnen müssen. Besonders gut funktioniert dieses Rätsel, wenn Sie dafür Butterbrotpapier oder ein anderes fast durchsichtiges Material verwenden.

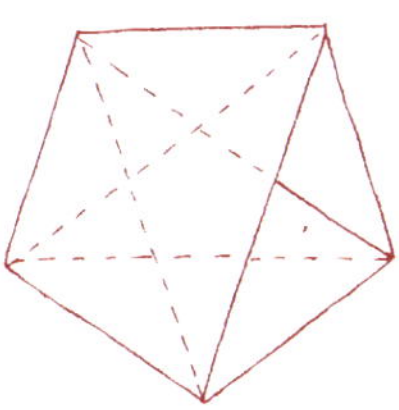

2

Sachregister

Angeln

Haushalt/Alltag

Freizeit/Sport/Kinderspiel

Handwerk/Bau

Klettern

Makramee und Plattings

Mode

Nähen

Schmuck/Verzierung

Segeln

Tiere

Alphabetisches Register

Adressen

Versandhändler für Seile, Bänder und Schnüre

AURA
Kunst & Hobby
Fiehkuhlweg 27
26725 Emden
Tel.: 0 49 21/2 91 79
Fax: 0 49 21/3 29 86
E-Mail: AURA-Kunst_Hobby@t-online.de

KAKASCH
Boote und Zubehör
Dresdner Str. 92
01689 Weinböhla
Tel.: 03 52 43/3 29 73
Fax: 03 52 43/3 29 74

Yosemite-Versand
Gerichtstr. 24
67433 Neustadt
Tel.: 0 63 21/8 19 67
Fax: 0 63 21/8 42 87
E-Mail: Yosemite@t-online.de
(Bedarf für Bergsteiger und Kletterer)

Der Text dieses Buches folgt den neuen Regeln der deutschen Rechtschreibung.

Umschlaggestaltung: Thomas Uhlig, Augsburg
Redaktion: Michaela Mohr und Michael Kraft, Augsburg
Layout und DTP/Satz: Klaus Lutsch, München
Druck und Bindung: Offizin Andersen Nexö, Leipzig

Gedruckt auf chlorfrei gebleichtem Papier

Printed in Germany

ISBN 3-89604-603-9